珍藏本
纪念版

汉译世界学术名著丛书

西印度毁灭述略

〔西〕巴托洛梅·德拉斯·卡萨斯 著

孙家堃 译

2017年·北京

Bartolomé de las Casas
BREVISIMA RELACION DE LA DESTRUCCION DE LAS INDIAS
Editorial Fontamara，1979
据西班牙丰塔马拉出版社 1979 年版译出

本书承西班牙文化部图书总局资助翻译出版

汉译世界学术名著丛书
（120年纪念版·珍藏本）
出 版 说 明

2017年2月11日，商务印书馆迎来120岁的生日。120年前，商务印书馆前贤怀揣文化救国的理想，抱持“昌明教育，开启民智”的使命，立足本土，放眼寰宇，以出版为津梁，沟通中西，为中国、为世界提供最富智慧的思想文化成果。无论世事白云苍狗，潮流左右激荡，甚至战火硝烟弥漫，始终践行学术报国之志，无改初心。

迻译世界各国学术名著，即其一端。早在20世纪初年便出版《原富》《天演论》等影响至今的代表性著作，1950年代后更致力于外国哲学和社会科学经典的译介，及至1980年代，辑为“汉译世界学术名著丛书”，汇涓为流，蔚为大观。丛书自1981年开始出版，历时三十余年，迄今已推出七百种，是我国现代出版史上规模最大、最为重要的学术翻译工程。

丛书所选之书，立场观点不囿于一派，学科领域不限于一门，皆为文明开启以来，各时代、各国家、各民族的思想与文化精粹，代表着人类已经到达过的精神境界。丛书系统译介世界学术经典，引领时代思想，为本土原创学术的发展提供丰富的文化滋养，为推动中国现代学术和现代化进程做出了突出的贡献。

为纪念商务印书馆成立120周年，我们整体推出“汉译世界学术名著丛书”120年纪念版的珍藏本，寄望既利于文化积累，又便于研读查考，同时向长期支持丛书出版的译者、编者和读者致以敬意。

两甲子后的今天，商务印书馆又站在了一个新的历史时间节点上。我们不仅要铭记先辈的身影和足迹，更须让我们的步伐充满新的时代精神。这是商务人代代相传的事业，更是与国家和民族的命运始终紧密相连的事业。我们责无旁贷，必须做好我们这代人的传承与创造，让我们的努力和成果不仅凝聚成民族文化的记忆，还能成为后来人可以接续的事业。唯此，才能不负前贤，无愧来者。

商务印书馆编辑部

2017年10月

译　者　序

《西印度毁灭述略》一书的作者巴托洛梅·德拉斯·卡萨斯神父一直是西方史学界，尤其是西班牙和拉丁美洲史学界颇有争议的人物，他的《西印度毁灭述略》一书公布以后，更是引起一场轩然大波，震动了西班牙宫廷和整个美洲大陆。在以后的四百多年里，人们一直对此书和作者毁誉不一，殖民者及其辩护士对此书大加讨伐，说它满纸谎言，诬蔑作者无中生有，扩大事端，背叛西班牙祖国，是所谓“黑色神话”的制造者，等等。严肃正直的人们则为其人其书竭力辩护，不少史学家广征博引，论述这部著作的可靠性和严肃性，对作者的正义感和人道主义思想倍加赞扬。迄今，辩论仍未结束。当然，由于社会的进步、民族解放运动的发展和殖民主义的日趋没落，也由于时代久远，人们更能平心静气公正地评价这段史实，《西印度毁灭述略》已被越来越多的人所接受，拉斯·卡萨斯神父为保护印第安人的正义活动也被更多的人所承认，他的《西印度毁灭述略》和其它著作已成为研究美洲征服时期历史不可缺少的第一手重要史料。

读者可以从此书前言和略伦特为神父所写的生平中了解到作者的思想、经历和他竭尽毕生精力为保卫印第安人免遭征服者奴役和屠杀所建立的光辉业绩。但是，为全面、客观评价一位在历史上有着重要影响的人物,译者认为有必要谈一下拉斯·卡萨斯神父思想的局限性。毫无疑问,在卡洛斯五世专制君主的统治下,在征服被认为是一项崇高事业的历史时期,拉斯·卡萨斯仗义执言,谴责殖民者的暴行,歌颂印第安人的优良品质,对限制国王权力大胆提出自己的看法,这些都足以证明卡萨斯站在当时历史进程的前列,确实在历史上起了进步的作用。但另一方面,拉斯·卡萨斯的思想又受着当时历史环境的制约,带着时代的烙印。16 世纪,西班牙正处于社会动荡时期,一方面封建君主和天主教教会仍有相当势力控制着整个国家;另一方面,在国家内部,资本主义因素正在崛起,意大利人文主义思想也从外部对封建的西班牙进行着强有力的冲击。在这个历史时期生活的拉斯·卡萨斯其思想不可能不带有时代的痕迹,其人格不可能不充满矛盾。

拉斯·卡萨斯反对殖民者屠杀和虐待印第安人,但从没有反对殖民主义本身,他要对封建君主效忠,想用“和平”殖民的方式给西班牙王室带来利益,在其所处的历史时期,他当然不可能理解殖民主义本身就是罪恶的渊薮,寻找和平的殖民方式有如缘木求鱼。他本人因受乌托邦思想影响,几次企图在美洲建立理想的福音社会,但均以失败告终,这足以说明他和平殖民的主张是不可能实现的空想。

在对待传教问题上,他一方面反对以铁血手段强迫印第安人皈依天主教;另一方面,又对天主教传教士与征服者沆瀣一气,在精神、文化入侵时所犯下的罪行视而不见,避而不谈,在此书中,只有一处对教士进行了谴责,也仅一笔带过而已。[1] 而对代表资产阶级新兴势力的新教(路德派)则充满仇视。[2]

在对待向美洲输入黑奴的问题上,尽管略伦特多方为拉斯·卡萨斯辩解,但他曾主张在美洲用黑奴代替印第安人劳动则是不可否认的事实,晚年他自己也为此事懊悔不已,认为"奴役黑人就像奴役印第安人一样是不义的"。[3]

尽管在拉斯·卡萨斯思想上存在上述弱点,但是以历史唯物主义观点来看,这都与当时历史环境分不开的,而保卫印第安人、反对殖民统治者的暴行终是拉斯·卡萨斯一生奋斗的主流。他的这一鲜明立场充分表现在《西印度毁灭述略》一书中。

《西印度毁灭述略》成书于1542年,离现在已四百多年。由于年代久远,因此有必要就书中涉及的一些历史问题向读者作一说明。

西班牙处理其海外属地事务的最高权力机构叫做"Consejo de Indias"成立于1511年,由于它的职权范围不仅局限于西印度,还包括西班牙其他一些海外殖民地(如菲律宾),所以我译作"印度等地事务委员会"。"印度等地事务委员会"开始设在首都马德里宫廷内,每周三次集会,国王可以在任何时候亲自主持会议。它有权决定殖民地立法、司法、行政、军事、商业等各方面事务,权力极大。

美洲大陆于1492年发现后,前往该地进行冒险、征服的西班

① 见"大陆的毁灭"一章。
② 见"委内瑞拉王国的毁灭"一章。
③ 见何塞·路易斯·比瓦斯著《波多黎各史》中译本 p.97。

牙人并非是西班牙宫廷直接派遣的官员和士兵，而是民间组织的探险队，他们得到政府批准，并与政府签立一定协议后，自己筹资前往美洲进行征服活动，征服所获利益，除一部分上交西班牙政府外，其余都在内部私分。这些前往美洲进行征服的探险队首领，叫做队长。与此同时，印度等地事务委员会和国王还直接派遣各种官员和法官，对新大陆进行控制，这些官员受俸于西班牙政府，这就是为什么书中总是将征服者和西班牙官员分别提及的原因。

设在西班牙的印度等地事务委员会无法对海外各殖民地进行直接控制，于是在西印度成立了副王辖区（由副王负责）和比副王辖区较小的总督辖区（由总督负责）。但是二者之间并无从属关系。此书多次对总督在其辖区内所犯的罪行进行了谴责。

在副王辖区和一些重要城市，往往设置检审庭，由检审官组成，它是殖民地最高司法机构，全权审理殖民地司法案件，也对行政机关的官员包括总督在内进行监督。《西印度毁灭述略》中也曾多次对检审庭法官的渎职和不法行为进行谴责。

拉斯·卡萨斯在书中还多次提到要求国王取消分配制和委托监护制。这两种制度都是征服者用来剥削压榨印第安人的手段。分配制内容是把印第安人分别编在每一个征服者名下，迫使他们为其耕种土地、采矿和服其它劳役。这一制度由于从印第安人手中夺取的利益主要流入征服者的腰包，并没给西班牙王室带来多大好处，因此，不久被委托监护制所取代。委托监护制规定委托监护主不拥有土地所有权，所有权属于西班牙国王。委托监护主只对受其监护的印第安人进行“监护”，向他们传播宗教，而印第安人为了“表示感谢”，应对委托监护主承担一定义务。在委托监护制下印第安人受剥削、受奴役的情况，拉斯·卡萨斯有过深刻的描写："虽然法律对委托监护主为自己征税的数额有所限制，但实际上征收的数目是无法计算的。专权者搜刮他想要的一切东西，用尽他一切想用的办法，结果一个印第安人有时竟要交纳二十次赋税，就是在这种情况下，他也不敢抱怨，因为很少可以得到伸张正义的机会。"①分配制和委托监护制实际上是对印第安人实行的奴隶制，这也正是拉斯·卡萨斯所竭力反对的原因。由于这两种制度本质相同，此书往往是相互通用的。

15 世纪中叶以前，西班牙处于分裂状态，1419 年，阿拉贡王子费尔南多和卡斯蒂利亚王位的女继承人伊莎贝尔联姻，他们继承王位后两国正式合并。1492 年，他们最终把非洲摩尔人赶出伊比利亚半岛，西班牙终于成了统一的国家。《西印度毁灭述略》中常使用"卡斯蒂利亚"一词用以代替整个西班牙，它并非只指统一前的卡斯蒂利亚王国。

16 世纪初，西班牙征服者对新大陆的认识是十分肤浅的，他们无法理解与他们全然不同的印第安社会，于是便用自己在西班牙形成的观念来解释印第安社会，就连拉斯·卡萨斯也一样，在《西印度毁灭述略》中就出现了国王、酋长、头人、首领等概念，有时连他自己也搞不清这些词汇之间的区别。按照《古代社会》的作者摩尔根的观点，"王国"其实就是印第安的部落或部落联盟，而书中的国王就是部落或部落联盟的首领即酋长，头人当是酋长治下的各级官员。

① 转引自李春辉著《拉丁美洲史稿》第 84 页。

《西印度毁灭述略》正文开头提到的地方叫“La Hispañola”，国内史书有译作“小西班牙岛”的，也有译为“埃斯帕尼奥拉岛”的。其实此词无“小”的含义，后者又嫌拗口，因此我译作“西班牙岛”。

最后需说明的是，本书书名中“西印度”一词的译法。此词原文为“Las Indias”，这一地理概念是指哥伦布及其后来的探险者航行时所发现的所有土地，其中包括部分美洲大陆地区，因此像许多史书那样译作“西印度群岛”似不妥当，此书有“大陆的毁灭”一章就是明证。因此，译者将“群岛”二字去掉。

本书是根据西班牙巴塞罗那市丰塔马拉出版社出版的《西印度毁灭述略》一书第二版（1979 年）翻译的。

全书共分三部分，即坎波斯为此书写的前言、《西印度毁灭述略》正文和略伦特撰写的作者生平。前言和生平部分，有助于读者了解拉斯·卡萨斯的生平事迹，但观点不一定完全妥当，尤其略伦特在作者生平中还对拿破仑及其助手提出自己的看法，对屠杀印第安人的凶手克尔特斯等人也作了评价，其观点都是值得研究的。尤其将拉斯·卡萨斯说成是比塞万提斯更伟大的人物，越发让人难以理解。此外在涉及殖民问题上和对拉斯·卡萨斯的评价上都有值得商榷的地方。因此读者应以马列主义观点，作出自己的判断。

由于本书正文分段较少，在翻译过程中译者适当增分了段落。

目　　录

前　　言

世界上有的人是永垂不朽的，这里并非指那些以其功绩、事业或著作永留青史之士，而仅指那些长期以来，以其崇高品格不自觉保持其魅力的人。这后一种人的优秀代表便是巴托洛梅·德拉斯·卡萨斯教士。

五百年来，很多国家的学者在不同的情况下，以截然相反的目的在两个基本方面对拉斯·卡萨斯进行研究，一些人重其人品方面，另一些人则重其历史方面。

第一种人，常把研究兴趣和对拉斯·卡萨斯的激情混同起来，使其形象简单化，甚至歪曲他的形象，使之成为他们阐述自己观点的工具。他们不能真正了解拉斯·卡萨斯人品的复杂性以及他为后人留下的财富。第二种人则被其著作所吸引，因为这些著作为研究历史学、人类学、地理学、神学和政治学做出了光辉贡献。

在为拉斯·卡萨斯的《论文集》一书所写的前言中，研究拉斯·卡萨斯卓有成绩的历史学家刘易斯·哈姆克谈到他之所以对这位教士崇敬是因为“他对非西班牙人和非基督徒所持的态度。他不认为在西班牙征服新大陆中所发现的印第安人是牲畜、不承认根据亚里士多德的观点推导出的关于印第安人是天然奴隶的理论，更否认他们的智力有如儿童般低下，要永远像对待儿童那样对待印第安人的观点。与亚里士多德相反，拉斯·卡萨斯认为，那些引起新大陆发现者注意的外乡人的文明不仅值得世人研究，而且值得世人敬佩。他认为新大陆印第安人的文明完全可以和旧大陆古代人相媲美。他说，尤卡坦玛雅人的金字塔与埃及金字塔相比毫不逊色，同样令人赞叹不已。这一见解比20世纪考古学家的同一论断要早得多。”①

上面的话给我们勾画出拉斯·卡萨斯的人格，即科学性和人道主义紧密结合的人格。这次出版《西印度毁灭述略》的目的也就是为了表现拉斯·卡萨斯的这一人格。书后附有马德里历史学会会员，《西班牙宗教裁判所批判史》一书作者胡安·安东尼奥·略伦特撰写的拉斯·卡萨斯生平。

此生平原作为前言附在由其本人编纂并译成法语的一部拉斯·卡萨斯著作集中的，此集于1822年在巴黎由亚历克西·埃梅里印刷所印刷出版。不久，胡安·安东尼奥·略伦特便启程由法国返回西班牙。在此之前他是因由拿破仑和约瑟夫·波拿巴政府支持的亲法分子集团失败从西班牙出走的。

尽管他的某些论断现在看来尚稍有欠缺，但应看到他是在当时可能的条件下，发扬了科学立论的精神，这种精神使他在维护教理和进行辩论方面多有所建树。略伦特把拉斯·卡萨斯作为为人类尊严而斗争的象征来叙述其如何热情忠实地保卫印第安人，从而表现了他的人道主义思想。我们认为略伦特著作的这一特点，

① 参见刘易斯·哈姆克为《巴托洛梅·德拉斯·卡萨斯教士论文集》所写的前言，美洲图书馆丛书第41卷，墨西哥文化经济基金会出版社1956年版。

尽管在史料上有某些不足之处，但仍是了解拉斯·卡萨斯形象的良好入门读物。为使西班牙公众深刻了解这位富有战斗精神，学识渊博的西班牙传教士的著作，我们特将略伦特的这篇文章附于本书之后。

《西印度毁灭述略》初版于1552年在塞维利亚城瓦斯蒂安·特鲁希略印刷所由作者本人印刷出版。此书在西班牙的后两个版本分别是1839年马德里版（由米格尔·希内斯塔印刷所印刷出版，被列入《西班牙历史未刊印文献选》第71卷，第3—83页）和1958年马德里版（被列入胡安·佩雷斯·德图德拉负责编纂的题为《短评、信札和呈请书》的拉斯·卡萨斯著作集中，此集是《西班牙作者图书馆丛书》中的一册）。

《西印度毁灭述略》国外版本极多，以西班牙美洲尤甚，其中重要的有布宜诺斯艾利斯1924年版（被列入《阿根廷珍本书图书馆丛书》第3卷）和墨西哥1945年版（由阿古斯丁·米拉雷斯·卡尔洛负责编辑，被列入人民教育出版社出版的《人民百科全书图书馆丛书》）。另外，还有1965年墨西哥文化经济基金会出版社刊印的版本（这是作者完整的九部著作翻印本之一，由L. 哈姆克、G. 费尔南德斯、J. 佩雷斯·德图德拉、米拉雷斯·卡洛和R. 莫雷诺任责任编辑，被列入上述出版社出版的《美洲图书馆丛书》，第41—42卷）。现在读者手中的版本是藏于马德里国家图书馆的《西印度毁灭述略》初版的翻版。翻印此书的目的在于保持其原貌（编者仅改动了印刷上的某些错误），书中严格尊重原版的双重辅音，大小写和正字法，如现在的“g”当时写作“j”，“b”写作“v”，“y”写作“i”，“z”写作“ç”，有的词中间加“h”等等。书中还保持原来的动词变位和现已消失的古老词语，原来的语法和标点均与上述的正字法一样，保持其原貌。我们认为保持初版原貌，在阅读上绝不会造成严重困难，却能引起热衷语言研究的读者之兴趣。语音、语法和句法保持初版面貌，还能使读者产生时代感。初版所处的年代正是西班牙语发生变革的时候，当时西班牙语正在扬弃中世纪的表达方式，代之以崭新方式。当然大部分语法规则和表达方式至今还是通用的。

史学家在撰写拉斯·卡萨斯传记时，遇到很多困难，因为关于他的出生地、家庭社会地位及其活动的日期等均有不同说法。目前，最可靠的意见认为巴托洛梅·德拉斯·卡萨斯教士 1474 年生于塞维利亚的一个皈依了基督教的家庭。其父佩德罗·卡萨斯（或卡萨瓦斯）原为塔里法[①]商人，因行商关系后来定居塞维利亚。

拉斯·卡萨斯攻读过拉丁语和各种人文科学，后来接受了一个低级教职的工作与其父前往美洲，在西班牙岛定居下来。在那里帮助一名传教士在皈依了天主教并接受了委托监护制的印第安人中传播福音，进行感化活动。后来，随迭戈·德贝拉斯克斯的探险队前往古巴岛，在那里获得委托监护权，1515 年从古巴返回西班牙。

在其滞留美洲期间，有两件事使他深受震动：一件是多明我会教士安东尼奥·蒙特西诺在一次布道会上的演说中，谴责了西班牙殖民者对土著居民的暴行；另一件是西班牙人在古巴岛所进行的一次大屠杀。这两件事他都耳闻目睹，印象极深，自此他下定决心要改变西印度不合理的状况。为此，他采取很多措施，例如为抨

① 西班牙地中海沿岸的一个海角。——译者

击当时实行的殖民制度，他进行了理论准备；为证明可用另外方式殖民，他进行了试验，其殖民形式与当时正在进行的形式有所不同，如能成功，定对西班牙宫廷大有裨益。

为实现其目的，他返回西班牙，向当时正在宫廷摄政的西斯内罗斯和阿德里安两位大主教控告安的列斯群岛上的诸委托监护主滥用职权，说他们刚一受权以劳役形式向土著居民征税，立刻便把这些居民变成奴隶。由于拉斯·卡萨斯的周旋，西斯内罗斯大主教任命哲罗姆会教士组成一个委员会前去禁止委托监护主的不法行为。委员会成员于1516年和拉斯·卡萨斯一起乘船到达西印度，此时他已从大主教处接受了“印第安人保护者”的职务。

哲罗姆会教士并没履行职责，为此拉斯·卡萨斯教士又返回西班牙向新国王卡洛斯五世提出控告。在宫廷，国王授权他执行其过去曾提出的“大陆计划”，该计划的内容是在一选定地区（如委内瑞拉的库玛纳地区）通过和平方式进行殖民。和他一起执行这一计划的人不多，仅有一些方济各会和多明我会的教士以及一些为数不多的农民，这些人后来组成了“金马刺骑士团”从事农牧业劳动。

“大陆计划”是基于印第安人是自由人这一原则制定的，所以只能用耶稣劝诫的方法向他们传播福音。但是，此计划终因印第安人焚烧了方济各会修道院，迫使教士撤离而告失败。

1535年左右，拉斯·卡萨斯又在危地马拉的韦拉帕斯地区进行了一次类似的试验，结果由于西班牙移民者的反对，迫使其再次放弃这一努力。

多明我会教士不仅对拉斯·卡萨斯的殖民事业给予全力支

持，而且在其他活动中也给了他很大帮助。实际上，更准确地说，支持和帮助是相互的。它始于拉斯·卡萨斯受到蒙特西诺布道影响之后，并在他们为共同目标而斗争的过程中得到加强。他们的斗争是建立在共同的哲学理论基础上的，这就自然导致了巴托洛梅教士于“大陆计划”在库玛纳失败之后，于1524年加入多明我会。在这之后的几年中，他蛰居修道院潜心写作，此时的重要著作有《西印度通史》、《基础教理》等。

1540年拉斯·卡萨斯重返西班牙，投身到多明我会和方济各会发起的保护印第安人的运动之中。不久，卡洛斯五世下令召开巴塞罗那会议，详细全面地审查印第安人问题。为此会议，拉斯·卡萨斯在卡塔赫纳教区主教胡安·马丁内斯·西利塞奥的建议下于1542年撰写了他的第一部专题著作《西印度毁灭述略》。这部著作可能在巴塞罗那会议的某次大会上宣读过，要了解《西印度毁灭述略》的内容，首先要了解在如何解释和实现吞并新大陆的问题上所存在的哲学、神学和政治理论诸方面全然相反的种种观点，实际上观点分歧早在征服初期就产生了。

在理论上，西印度的发现所引起的最根本，也是最易引起争论的问题是吞并西印度、确保对西印度绝对垄断权的法律根据，在哲学上是印第安人的本性及其法律地位。哲学是分析和解决问题的依据，也是解决法律程序的依据，最终是论述殖民实质和特点的依据。

根据中世纪的教义，西班牙国王把吞并西印度的活动合法化，因为奥斯蒂亚的大主教兼枢机主教恩利格·德苏萨便是依此教义征服了加纳利群岛，在那里建立了罗马教皇的飞地。

确实，作为耶稣基督在这个世界上的直接继承人，教皇在精神和物质上拥有最大的权力。他有权把新大陆发现、征服、传播福音和征收什一税的权力赐给卡斯蒂利亚国王和王后，即他有权将新发现的大陆赐予二位陛下。确认这一赏赐的教皇证书是亚历杭德罗六世颁布的一系列教皇诏书，第一部诏书名为 Inter Coeterea[①]，分三部分，即 Inter Coeterea，Inter Coeterea Segunda[②]和 Eximiae Devotionis[③]，后两部分的签发日期均写为 1493 年 5 月 4 日，实际上，三部分的签发日期应分别为 4 月、5 月和 7 月。第二部诏书名为 Pii Fidelis[④]，于 6 月签发。最后一部名为 Dudum Siquidem[⑤]，于 1493 年 9 月 25 日签发。

根据诏书规定，谁要进行发现、征服和移居西印度活动，就必须得到西班牙国王的恩准或赏赐证书，在取得向西印度探险的恩准后，由探险队长和王室双方签订协议，规定队长的义务以及探险成功后，他应得的利益。但实际上，在到达目的地之后，西班牙人便向土著居民随心所欲地提出各种要求。为此，1514 年帕拉西奥斯·鲁维奥斯博士制定法规，要求西班牙人向印第安人说明，自己是在教皇的支持下，代表强大的国王来到西印度的，他们要向印第安人传播天主教，使其成为国王的臣民。作了说明后，如果印第安人进行抵抗，他们就有正当理由向印第安人动武。骚乱平息后，他

① 拉丁语：此处为“附加令”之意。——译者

② 拉丁语：此处意为“第二附加令”。——译者

③ 拉丁语：此处意为“虔诚的祈祷”。——译者

④ 拉丁语，意为“关于德高望重的首脑”。——译者

⑤ 拉丁语，意为“一段时间以来”，当时诏书均以其开头数词为题，因此有时并无明确含义。——译者

们应立即举行占领仪式，确保他们所发现土地的统治权。随后他们应选择合适的地点，建立城市，组织市政会，负责把土地分给那些在建城中有功的西班牙征服者。

开始时，西班牙人需要把印第安人作为劳动力，开发矿藏，攫取金银。使用印第安人的方法是把其全部变成奴隶，但是伊莎贝尔皇后认为她的印第安臣民体质单薄，毫无自卫能力，对这样的人应进行教育和保护，她反对奴役印第安人，并为此颁布了禁令。从此土著居民与西班牙人的关系仅局限在委托监护制之内。这一制度的基本点是国王赐以西印度的西班牙人向印第安人征收赋税的权力，同时西班牙人要对印第安人和他的一个继承者进行监护，在宗教和世俗方面关照他们。由于税务可以以现金、实物或劳役方式交纳，这就使西班牙移民以印第安人天生懒惰为借口，强迫他们像奴隶一样为其服役。

当宫廷获知此事以后，引起一场具有实际意义的激烈争论，争论的焦点是：印第安人是否是有理智的生物，就是说，他们有无人的本性？

概括说来，一些著名法学家，如希内斯·德塞普尔韦达、帕拉西奥斯·鲁维奥斯、索洛萨诺·佩雷拉、格雷格里奥·洛佩斯以亚里士多德在其《政治学》一书中所阐明的理论为依据，推论出印第安人属低等人种，他们行为粗野，习俗丑陋，没有文化，只有最低的本能。因此他们断然否认印第安人具备理智，认为他们既然是低等人种就一定要从属于高等人种，要为高等人种效劳。他们还认为权威和财产是有理智的人的特征，而缺乏理智的人不应有任何权力，因此征占印第安人的土地将他们变成奴隶是合理合法的。

这种殖民思想和他们找到的法律根据并没被所有人接受。在伊比利亚半岛和其它国家均有人提出相反论据予以驳斥。

有些国家，如荷兰、英国和法国在政治上主张保证各国航海自由，在法律上，他们拒绝承认教皇赐予西班牙垄断新大陆的特权。

西班牙方济各会和多明我会的神学家及传教士根据圣托马斯的哲学观点，也否认基于上述观点建立的殖民体系，主张用其它原则进行殖民事业。这一派人中有巴托洛梅·卡兰萨·德米兰达、多明戈·索托、弗朗西斯克·德比托里亚和巴托洛梅·德拉斯·卡萨斯。他们之间在某些看法上虽不尽相同，但基本观点是一致的。弗朗西斯克·德比托里亚在其1539年出版的《论神学》一书中，又把他们的共同观点发扬光大。

比托里亚反对教皇有权拥有飞地，否认教皇诏书的有效性，认为耶稣从未把世俗权力赐予个人所有，因此，教会也不能擅自使用这一权力。教会的管理范围应是除异教徒以外的人的精神领域。同时，他还否认君主拥有超国界的统治权，认为天赋权力才是社会和国家组织的基础。

另外，比托里亚还驳斥了仅仅因印第安人是异教徒就把他们看作是天然奴隶的观点，宣布印第安人是自由人，应是自己命运的主宰。因此，反对仅因印第安人拒绝接受某项要求就对他们发动征服战争的做法。他宣布，根据福音的规定，人人有接受福音的自由，就是说，尊重人们是否接受福音的意愿。

这个从西印度发现后不久就存在的争论，几年来变得日趋激烈，西印度面临的这一严重问题引起了政界的关注。卡洛斯五世于1542年在巴塞罗那会议上制定了新法，第二年在巴利亚多利德会议上又对新法做了补充修改。新法的公布是多明我会的胜利，因为在殖民问题上，新法把传播福音置于征服之上。

正是此时，拉斯·卡萨斯撰写了《西印度毁灭述略》，书中叙述征服时期遭到西班牙人洗劫后的美洲各省区的状况。通过此书可见"拉斯·卡萨斯是位朝气蓬勃，能力过人的宣传家，他的首要武器是向宫廷呈送'备忘录'，他坚信国王和大臣如能获悉其同胞对手无寸铁的印第安人所犯的暴行，定会采取断然措施予以禁止"。[①]

拉斯·卡萨斯撰写《西印度毁灭述略》和从事其它活动的目的均是向会议提供材料，旨在改善印第安人的状况。

值得一提的是当时对拉斯·卡萨斯的攻击主要集中在他的《西印度毁灭述略》一书上，认为此书缺乏历史严肃性，书中选择的事实是片面的，甚至诬蔑拉斯·卡萨斯企图诋毁西班牙的殖民活动。现代史学界对此书进行了审慎的分析，驳斥了攻击者的观点，恢复了此书应有的价值。"把《西印度毁灭述略》一书说成仅是一部史书或是一部主张禁止征服战争，废除分配制和委托监护制的检察官的辩护词是彻头彻尾的错误。"[②]

考虑到对此书理解上的分歧，研究《西印度毁灭述略》一书的真正意义就十分必要了。而为了正确理解这部著作，着重了解各章的开头和结尾亦是必不可少的。

---

① 引自刘易斯·哈姆克为《巴托洛梅·德拉斯·卡萨斯教士论文集》所写的前言。

② 参见马努埃尔·希门内斯·费尔南德斯为《巴托洛梅·德拉斯·卡萨斯教士论文集》一书所写的引言。

此书的篇首对西印度做了概述，下分若干章节，每章叙述一个王国。各章结构大致相同，开头描述西班牙人来到之前，印第安人的生活习惯。为了加强效果，作者使用带有启示性的强烈对比的手法。例如书中写道："西班牙人像穷凶极恶的豺狼闯进了这群驯服的羔羊中来，尽管他们明明知道这群羔羊有着造物主赋予的上述种种美德。"中间运用夸饰、重复、对比、譬喻的手法着重描述了在西班牙人洗劫后所产生的灾难性后果，给人一种不安、恐怖、愤怒和同情之感，与开始的和平宁静景象形成强烈对比。最后用一段充满忧伤的话语作为结束："他们毁灭了全岛，灭绝了岛上的居民。到处是一片荒凉的景象，见此无不令人感到痛心。"

看来，此书无论从结构、色调，还是从风格、方法上都是为沟通与会成员和印第安人之间的感情和使与会者在人道基础上理解紧迫的印第安人问题服务的。为了唤起与会者的良知，书中经常使用带有感情色彩的描写，"每当印第安人被迫进行类似的长途跋涉时，他们立刻明白这次再也不能生还了。离家之时，他们总是一面哭泣，一面悲痛地说：'我们曾在这条路上为基督徒搬运过货物，当时虽然活很重，但是过一段时间，总还能回到家里，与家人团聚。现在我们走了，再也见不到他们了，我们再也不能活着回来了。'……看到这些为西班牙人做苦工的印第安人的样子，真令人同情、让人痛心。他们全都赤身裸体，仅用一块兽皮遮羞，肩上背着一个小网兜，里面装着几块干粮，他们全都紧紧地挤在庭院里，像驯服的羔羊跪在地上。"

撰写《西印度毁灭述略》的目的是为了阻止征服战争，废除分配制和委托监护制。这一目的并非是随意选中的，而是立足于批判殖民制度，经过理智思考后产生的。对殖民制度的批判，便是写此书的理论基础。

《西印度毁灭述略》结构十分简单，一般总是以死亡人数作为出发点，如“在上述四十年间，由于西班牙人极其残酷的血腥统治，有 1200 万无辜的印第安人惨遭杀害，实际上，我个人认为足有 1500 万人丧生”。在后来的章节中，作者具体指出了屠杀印第安人的原因和方法“基督徒们之所以如此杀人，仅仅是为了追求一个目的，即攫取黄金。他们企图在短短的几天之内就飞黄腾达，大发横财，从卑微低贱之徒一跃而成为上层社会的一员。”“到达西印度的所谓基督徒们，一般用两种主要手段摧残西印度各国百姓，一是通过非正义的、残暴、血腥的战争；一是通过残酷的剥削压榨。”“这种对奴隶的剥削和压榨更为残忍，就连牲畜都不堪忍受。各种各样名目繁多的灭绝印第安人的手法，归根结底都离不开上述两种主要手段。”

在谴责殖民制度时，拉斯·卡萨斯以自然法则的理论作为自己立论的依据，同时，严肃地把征服方式、殖民者活动以及在征服中印第安人死亡情况等具体事实作为论据。

在抨击殖民活动和反对西班牙人强行改变印第安人生活和劳动方式时，作者使用的手法是将其产生的灾难性后果呈于读者眼前。

在叙述殖民者的动机时，作者不以法学理论家的机敏，也不以智者的洞察分析能力直接描述，而是通过其亲身经历，将殖民者的动机和殖民后果结合起来，用事实作出强有力的分析。

此书标题已表明论述的范围，即“西印度的毁灭”。和拉斯·

卡萨斯诸多诽谤者的论断相反，作者无意诋毁任何人，也没有专门选择几项具体暴行来撰写他的著作，他并不想夸张，只求作品紧贴主题。根据现代研究成果表明，一些连拉斯·卡萨斯的保卫者都怀疑的事实，都是确实可信的。例如：拉斯·卡萨斯说，在殖民过程中被杀的印第安人有“1500 万”，现在看来，这一数字不仅符合事实，甚至还少说了。即使他对屠杀情况可能有过某些夸张，也不能因此把普遍事实和数字贬得一钱不值。《西印度毁灭述略》中清楚地表明为维护西班牙人的统治而对印第安人进行的屠杀和强迫他们接受与其传统文化和家庭格格不入的生活方式，都是印第安人所不能忍受的。况且其羸弱的体质，也无法适应这种变化。拉斯·卡萨斯认为印第安人因饥渴、劳累、恐惧而出走逃亡和因西班牙人所带进的疾病是印第安人大量死亡的主要原因。尽管对暴行的具体描写和诸章诸节不厌其烦地对破坏活动的反复叙述获得了撼人心弦的力量，但拉斯·卡萨斯仍能凌驾于这一使人颤栗的灾难之上，紧紧扣住西班牙人对印第安人及其文化和城镇的毁灭这一主题。那些对社会破坏、人口灭绝与对印第安人百般折磨的描写相结合的段落，是表现惨不忍睹场面的高峰。如书中写道：“他们对这些印第安人所施的‘恩典’就是把男人送到矿上去采金，这是一种不堪忍受的繁重劳动；把妇女赶到农场去掘土种地，这种劳动即使对男人来说，也是极为繁重的。无论男女，只给他们一些野草和其它毫无营养的东西充饥。暴徒们把产妇的乳汁挤干，以饿死他们的婴儿；丈夫被遣往远方，不能与妻子同居，上述两个原因便使印第安人绝了后代。在矿山上，男人们死于劳累和饥饿；在农场里，妇女们也因同样的原因而丧命。”

1544年，拉斯·卡萨斯离开西班牙前往墨西哥就任恰帕斯教区主教。刚刚踏上美洲大陆便遇到因新法的颁布委托监护主所制造的混乱局面。大规模的反叛和骚乱迫使新法废除。拉斯·卡萨斯毫不妥协的精神惹怒了委托监护主，他们对他进行各种敌视行动，加上在墨西哥教务会议上内部出现了分裂，这一切都迫使他决定于1547年再次返回西班牙，以便在那里发挥自己决定性的影响。

此时，因新法废除而取得胜利的委托监护制的拥护者们早已在西班牙站稳脚跟，他们在胡安·希内斯·德塞普尔韦达撰写的《Democrate》[①]一书中找到了自己最坚实的理论基础。此书虽被禁止出版，但由于作者的理论颇有影响，拉斯·卡萨斯还是把他作为主要对手，和他进行了为时八年的论战。

1552年，对委托监护制持截然相反立场的征服美洲的拥护者和反对者们在巴利亚多利德会议上进行了大辩论，其中心议题仍是针锋相对的老问题，即印第安人是天然奴隶还是自由人？如果印第安人不屈服，对他们动辄动武是否合理？委托监护制和分配制是否合法？等等。

在会上，委托监护制的拥护者采取了一系列新攻势，其中之一是要求国王批准更多人前往美洲从事征服活动。为了阻止这一事态继续发展，拉斯·卡萨斯决定刊行他十年前写成的《西印度毁灭述略》一书，以此争取舆论的支持。

奥尔加·坎波斯

① 拉丁语，“民主主义者”。——译者

巴托洛梅·德拉斯·卡萨斯向至尊至上、强大无比的西班牙王储、吾人之君主唐费利佩呈递的奏章

至尊至上、强大无比的君主：

为免使人类误入歧途，为人类繁荣兴旺，上帝着意在世间各王国和居住地派遣有如慈父般，或如荷马所说，牧师般的君主治理当今世界。因此，这些君主理应是各国之佼佼者，在其灵魂中，无疑应具王者应有的品质，或有充足理由认为，他们定会具备此等品质。

如果在其治下出现某种不良现象、破坏活动和罪恶行径，也皆因国王对所发生之事全然不知，一旦获悉，他们定会缜密查访，仔细斟酌，当机立断予以铲除。这一点已在《圣经》的所罗门箴言中得以证实："Rex qui sedet in solio iudicii dissipat omne malus intuitu suo"[①]因为国王一旦获悉在其治下发生恶行，定会当机立断铲除殆

① 拉丁语，"王坐在审判的位上，以眼目驱散诸恶。"见中文版《旧约全书》箴言篇第八章。——译者

尽，片刻不容贻误，此乃国王天赋之品质所决定。

强大无比的君主，上帝和教会赐卡斯蒂利亚国王与王后以西印度的诸王国，并授其委托监护权，恩准国王、王后二位陛下对上述诸国加以管理和统治，使宗教精神得以发扬，世俗利益取得进展，使其人民皈依我主基督。然而，在那众多辽阔的王国中，无耻之徒肆意妄为，无恶不作，其程度达到难以想象，无以复加的地步。臣巴托洛梅·德拉斯·卡萨斯积五十余年之经验，对他们的所作所为耳闻目睹，为良心所驱，不得不向殿下禀报彼等最为突出的“丰功伟绩”，并斗胆恳请殿下严禁彼等在其所谓的“征服”中再复创建此等“伟绩”。否则，彼等会毫无顾忌，一如既往。然此等“伟绩”，严重危害热爱和平、恭谦顺从、安分守己的印第安人。彼等行径恶劣，凶残成性、为天地所不容，人神所共诛。对无数生灵惨遭涂炭保持缄默不啻犯罪，为此臣欲在彼等所犯之大量虐杀暴行中，列举少数实例——此乃臣早在过去无数事件中挑选者——特向殿下呈报，伏祈殿下御览。

殿下的尊师，托莱多[①]的大主教在卡塔赫纳[②]任主教时曾把卑职之同一奏章转呈殿下，但或许当时殿下海路迢迢，长途跋涉，日理万机，无暇顾及，或许以为此乃区区小事不足挂齿，而置于脑后，而利欲熏心、丧失理智的人们对千万生灵之流血丧命，对土著居民之灭绝，对广袤土地之荒芜，对掠夺大量财富的手段之残忍全然无动于衷。更有甚者，彼等通过各种途径，借征服之机制造种种借口

① 西班牙的一个省和教区名，其省会名亦与之相同。——译者

② 西班牙城市，是穆尔西亚教区首府所在地。——译者

（如不违背天神之法，就无从征服。这是何其荒唐罪恶之念，彼等应遭永世的惩罚！）不断加剧这些暴行。为此，臣以为仍需向殿下再次呈递此述略，以揭露其肆意破坏和滥杀无辜之暴行，恳求殿下以慈悲为怀，将此书视为为公众利益和王国昌盛而效劳的殿下的奴仆所写的通常条陈那样加以对待。垂阅之后，殿下定会了解彼等暴徒对无辜印第安人所犯的滔天罪行，也会知悉他们屠杀摧残印第安人是何等的不公，何等的伤天害理。他们仅仅为满足其贪婪和野心，才如此行动。伏祈殿下恳请并说服国王陛下明令禁止彼等再干此等伤天害理、令人痛心之勾当，并严禁任何人今后再提此种极为可怕的要求，违者应予严惩，以儆效尤。

强大无比的君主，圣断此事对卡斯蒂利亚王室和国家在宗教和世俗方面均至关重要，望上帝赐国家繁荣、昌盛。愿上帝赐福，——阿门！

西印度毁灭述略

西印度发现于1492年。翌年,便有西班牙基督徒移居该地。49年来,大批西班牙人源源不断,纷至沓来。他们的第一个定居点就是幅员辽阔、美丽富饶的西班牙岛①,该岛方圆600里格②,周围还零零落落点缀着无数大小岛屿。我们发现,在所有这些岛上都密密麻麻住满居民,有如挤在蜂巢里的蜜蜂,其人数比世界任何地方都多。人们称这里的居民为印第安人。

大陆与西班牙岛最近距离为250余里格,已发现的大陆海岸线长10000里格,现在每天都还有新的发现。直至1541年,在所有已发现的大陆沿海地带都辐辏稠密,到处是人,仿佛上帝特意如此安排似的。

在上帝创造的各类人种中,以这里诸岛上随处可见、数不胜数的百姓最为淳朴憨厚,心地善良。他们个个坦白诚实,对人从不虚伪狡狯,且人人天性驯良,对为之效命的天然头领和基督徒忠心耿耿。他们遇事耐心忍让,心平气和,从不飞扬跋扈,大叫大嚷。他们从不淫荡放浪,也不争吵不休;从不动辄发怒,嫉恨于人,也无世

① 即现在的海地岛。亦译埃斯帕尼奥拉岛。——译者

② 1里格相当于5.6公里。——译者

俗报复心理。他们身体单薄，瘦弱异常，不能胜任繁重劳动，而且极易死于各种疾病。其孱弱的身体甚至还不如我们娇生惯养的纨绔子弟，甚至连他们中身强力壮者也无法与后者相比。他们生活十分清苦，全都一贫如洗，但却无一人企图占有更多财产。因为他们从不贪得无厌，野心勃勃，想方设法攫取不义之财。他们饮食粗劣，就连困于沙漠之中的圣徒们的食品也比他们略胜一筹。一般说来，他们的衣着仅是一块用于遮羞的兽皮，最多不过用一块约 1.5 巴拉①到 2 巴拉见方的棉布遮身。他们仅用一张席子当床，讲究的也只睡在一种悬吊着的网上。（西班牙岛上的语言把这种网叫做“阿马卡”②。）然而，他们全都心地善良，待人诚恳，思维敏捷，天资聪颖。他们极易接受全部教义和我们天主教的信仰，其良好的习俗也极少与上帝在这个世界上所规定的戒条相悖。

印第安人初闻天主教的存在，就急不可待地要了解它，要去教堂做圣礼和膜拜神明，教士只有具备上帝所赋予的极大耐心才能承受得住这种急切心情。后来人们对我说，所有印第安人对宗教的虔诚都是无可怀疑的，一旦了解了上帝，他们肯定是这个世界上心地最善良的人。

西班牙人像穷凶极恶的豺狼闯进这群驯服的羔羊中来，尽管他们明明知道这群羔羊有着造物主赋予的上述种种美德。40 多年来，这些西班牙人做的唯一事情就是对当地居民滥施暴行，肆意

① 1 巴拉相当于 0.8359 米。——译者

② 即吊床。——译者

屠杀，其残暴程度令人触目惊心，真是见所未见，闻所未闻。有些暴行下面我当详述。由于西班牙人杀人如麻，致使原来生活在西班牙岛上的300多万土人，现在只剩下200人。

古巴岛，其长度相当于从巴利亚多利德[①]到罗马的距离，目前也几乎渺无一人。圣胡安岛[②]和牙买加岛是两个极为富饶美丽的大岛，现在业已变成一片废墟。位于西班牙岛和古巴岛北部的卢卡约群岛[③]是由过去叫做“巨人群岛”和其它大大小小共60个岛屿组成的。那里每个岛都比塞维利亚[④]皇家花园美丽，那是世界上最美妙的地方。过去群岛上曾有50万居民，现在已不见一人。当西班牙岛上的印第安人被斩尽杀绝后，卢卡约群岛的百姓被驱赶到那里，不久也全都被折磨致死。

一个善良的基督徒，出于怜悯，想使印第安人改变信仰，皈依上帝，他乘船在各岛间航行了3年寻找屠杀后的幸存者，他仅仅找到11人，这些人我都见到了。

与圣胡安岛相邻的30多个岛屿，由于相同的原因，也都变成一片废墟，这些岛屿的土地共计方圆2000里格，现在皆渺无一人。

至于广袤的大陆，我可断言，由于西班牙人的凶残狠毒，那里的良田沃野定会疮痍满目，居民也会惨遭杀戮，所剩无几，到处呈现一派荒凉凄惨景象。大陆上原来有十个大王国，比包括阿拉

① 西班牙北部城市。——译者

② 即现在的波多黎各岛。——译者

③ 即现在的巴哈马群岛。——译者

④ 西班牙西南部的城市。——译者

贡[1]和葡萄牙在内的整个西班牙都大，全境长2000里格，比从塞维利亚到耶路撒冷还长二倍，各王国里原来全都住满了有理智的印第安人。

我们可以确切无误地说，在上述40年间，由于西班牙人极其残酷的血腥统治，有1200万无辜的印第安人惨遭杀害，实际上，我个人认为足有1500万人死于无辜。

到达西印度的所谓基督徒们，一般用两种主要手段摧残西印度各国百姓：一是通过非正义的，残暴、血腥的战争；一是通过残酷的剥削压榨。一些渴望自由、追求自由的人，不堪忍受酷刑终于逃走，但大多数男人和首领都被杀死，（一般说来，只有儿童和妇女才有可能在战争中活下来。）其余幸存者均被变成奴隶，备受压榨。这种对奴隶的剥削和压榨更为残忍，就连牲畜都不堪忍受。各种各样名目繁多的灭绝印第安人的手段，归根结底都离不开上述两种主要手段。

基督徒们之所以如此杀人，仅仅是为了追求一个目的，即攫取黄金。他们企图在短短的几天之内就飞黄腾达，大发横财，由卑微低贱者一跃而成为上层社会的一员。由于这种越来越膨胀的黄金欲念和攫取财富的野心难以得到满足，也由于西印度土地如此富饶，居民如此谦恭、忍让，驯服有如羔羊，所以西班牙人不顾一切，凶残地对待他们，根本不把他们放在眼里，甚至把他们看得连牲畜都不如，——上帝保佑，西班牙人对牲畜还稍微珍爱些。——或者说，看得比街上的粪土都不如，我这样说，是以我在上述时间里，耳

① 西班牙东北部地区，统一前是一个国家。——译者

闻目睹的事实为根据的。

西班牙人如此“关照”印第安人的生命和灵魂，乃至成千上万的人在尚未皈依宗教，没行洗礼的情况下就惨遭杀戮。与此相反，下面的事实又是确凿无误的，甚至连暴徒和刽子手也不得不承认：从没有一个西印度的印第安人伤害过任何基督徒。相反，他们在受到多次洗劫、欺凌、镇压和侮辱之前，一直把基督徒看成是自天而降的神祇。

西班牙岛的毁灭

如上所述，西班牙岛是基督徒首先定居的地方，他们在那里屠杀了无数印第安人，制造了巨大的灾难。刚一登陆，他们便掳掠印第安人的妻小，奴役蹂躏他们，吞吃他们用汗水换来的食物。结果，西班牙岛全部被摧毁，整个岛屿一片荒凉。西班牙人从不满足印第安人按自己标准——一般说来，这种标准确实不高，他们总是用少许劳动生产出仅供一天所需的食物就满足了——所自愿提供给他们的东西，因为足够印第安人 3 户 10 口之家享用 1 个月的食物，还不够一个基督徒 1 天的食用和挥霍。

西班牙人的暴行和对当地居民的蹂躏使印第安人开始明白这些外来者并非下凡的神祇。于是，他们有人藏起食物，有人把妻子隐蔽起来，还有人逃进深山老林，躲避那些穷凶极恶的入侵者，断绝与他们来往。基督徒对印第安人动辄拳打脚踢，棍棒交加，连村中的头人也不放过。他们真是胆大妄为，无耻至极。一个探险队长身为基督徒却把当地最有权威的国主、全岛最高头人的妻子强奸了。于是，印第安人开始设法把基督徒驱逐出自己的家园。他们拿起既不能用于进攻，也不能用于自卫的原始武器（他们的战争很像孩子们用杆子玩耍）进行自卫，而基督徒则用他们的马匹、利剑和锐矛对印第安人进行前所未闻的屠杀，犯下了种种暴行。他们闯进村庄，见到老少、孕妇和产妇便挑破他们的肚皮，然后剁成碎块，犹如宰割畜栏中的羔羊。歹徒们还打赌，看谁能一刀把人从中间劈开，谁能一下子砍掉人头或开膛破肚。他们还从母亲怀中把吃奶的婴儿夺走，提起孩子的双脚往石头上摔。还有一些人从背后将孩子推下水，一面狞笑，一面戏弄地叫道："狗娘养的，下去吧！"西班牙人还用利剑把母亲连同怀中的婴儿一起刺穿，用力之猛，如果他们前面还有别人，也会一起被刺伤的。暴徒们还做了一些长架，把印第安人每 13 个一排，吊在一个架上，双脚稍离地面，在脚下放上柴草，点上火，以上帝和其十二使徒的名义把他们活活烤死。另一些西班牙人则把印第安人全身捆上干草，然后点火把他们活活烧死。对那些企图逃跑的人，暴徒们便砍掉他们的双手，然后把手挂在肩上，对他们说："这就是信，快给那些逃跑的人送去吧！"意思是叫那些已逃进山里的人感到恐惧。

一般说来，西班牙人是这样屠杀头人和贵族的：在框架上装上柱子，把他们绑在柱子上，然后在下边点上文火，慢慢炙烤。在这种令人难以忍受的酷刑下，头人和贵族们发出阵阵惨叫，他们的灵魂就这样离开了自己的躯壳。

一次，我看到在柱子上炙烤着四五个大头人（我记得，在其它五六根柱子上还有其他人在受难），由于他们的哀号声使队长难以忍受或影响了他的睡眠，他便吩咐绞死这些人，但是那个比刽子手还坏的警吏(我知道他的名字,我还认识他在塞维利亚的亲戚),懒得动手,为了省事,他把棍子塞进受难者的嘴里,使他们叫喊不得。同时加大火力,直到把这些头人、贵族全部烤焦为止。上述事实千真万确,均为我亲眼所见。此外我还看到无数其它暴行。

为了躲避这群惨无人道、狠如豺狼、人类不共戴天的敌人,凡有机会逃跑的人都躲进了深山老林,为此西班牙人训练凶残的猎狗,使它们一见印第安人就猛扑乱咬,一瞬间就能把人撕成碎块。这些狗吃掉一个人就像吃掉一头猪那样容易。它们就这样到处干这种惨不忍睹的勾当。当然,印第安人由于愤怒,有时也会正当合理地杀死一些基督徒,但极为少见,即使如此,基督徒仍定下条例:印第安人每杀一个基督徒,就要用100名他们的同胞抵命。

西班牙岛上诸王国的毁灭

在西班牙岛上有5个主要大王国,其国王均有极大权力,几乎全岛的头人都对他们俯首听命,只有极少数边远地区的首领尚未承认他们的权威。5个大国中,有一个名叫马瓜(此词重音落在后一个音节上),意"沃野之国",这片沃野是世界上最美丽、最令人神往的地方之一,其边界自南海岸向北伸延80里格,宽5.8里格到10里格,几座高耸的大山点缀其间。30000多条河溪蜿蜒流过此地,其中有12条河就像埃布罗河、杜罗河和瓜达尔基维尔河[①]那样大,其中20000或25000条河溪发源于西部山上。每条河里都有

① 三条河均是西班牙主要河流。——译者

十分丰富的金砂。此山位于西包省，所以这个省经常能挖出几克拉大小的精美名贵的金粒。[①]

马瓜国王叫瓜留内尔，手下有很多大臣（我还认识他们中的几个，其中一个统率16000名武士效忠国王）。国王德高望重，和蔼可亲，他也很敬重卡斯蒂利亚国王。几年前，他还下令发给全国每户一个装满黄金的小球，后来黄金少了，每户只发半小球。

岛上的印第安人由于不谙冶金术，且黄金已剩不多，因此国王表示愿意为卡斯蒂利亚国王耕种从基督徒的第一个居住地伊萨贝尔[②]到圣多明各共五十里格的土地。这样做是为了使西班牙人不再向他索取黄金。国王的大臣们也说，他们不懂冶金，无金可奉。我认为，瓜留内尔国王是愿意，同时也能够实现他的诺言的，而对卡斯蒂利亚国王来说，这五十里格土地每年会给他增加300多万卡斯特诺[③]的收入，更何况，耕种的结果，定会使这个岛上出现五十多座像塞维利亚那样大的城市。

然而，基督徒竟对这样一位心地善良的伟大国王以怨报德：他的妻子被一个队长（一个流氓基督徒）强奸了，国王的荣誉遭到玷污。国王本来可以召集部下，伺机报仇雪恨，但他却决定只身一人离开他的王国，来到他的一个封臣所属的名叫西瓜留斯的省区，准备在那里隐姓埋名，了此残生。但是不久，他被一个基督徒发现，事情再也无法隐瞒，西班牙人向那个收留国王的头人开战，进行血

① 哥伦布第一次到达该岛时，就已获知西包地区盛产黄金。——译者

② 应是第二个居住地，第一个当是哥伦布亲手所建的圣诞堡。——译者

③ 西班牙金衡，合0.46克，亦为一种古金币名。——译者

腥屠杀，最后终于捉到国王，给他戴上手铐脚镣，扔到一条船上，准备将他带回卡斯蒂利亚。作为对这种恶劣行为的惩罚，上帝使船在海上迷失了方向，很多基督徒和被捕的国王一起葬身鱼腹，船上的黄金丢失殆尽，其中一块大如面包，重约3600卡斯特诺的黄金也沉入茫茫大海。

另一个王国叫达连，位于现在的里尔港一带，在“沃野之国”的北端。它幅员辽阔，比葡萄牙王国还大，而且比它更富饶，更适于居住。那里有很多大山，山里金矿、铜矿均十分丰富。它的国王名叫瓜卡纳卡里（重音落在最后一个音节上），在其属下，还有很多大小头人，我认识其中很多人。发现西印度的海军统帅[①]就是首先在这个王国落脚的。当他到达西班牙岛时，就是这位瓜卡纳加里国王率先极其亲切友善地接待了他和与他同行的基督徒。他无微不至地关照海军统帅一行，当统帅一行遇难时，他还慷慨搭救过他们，给他们以极大援助，包括提供各种给养（因为海军统帅的船已在附近搁浅）。恐怕即使在海军统帅自己的祖国，他也未必能从自己的父母那里受到如此厚遇。这些都是我从海军上将处亲耳听到的。国王无法忍受基督徒的暴行和对其百姓的屠杀，只好逃往山区，但在路上惨遭杀害，其他头人和百姓也都死于下面即将谈到的专横和奴役之下。

第三个王国叫马瓜纳，那是一块令人赞叹不已、丰腴富饶而又景色迷人的土地，现在是西班牙岛上盛产甘蔗的地方。国王叫考纳博，他善于交际，彬彬有礼，仪表端庄，富于进取心，在国内是位

① 指哥伦布。——译者

出类拔萃的人物。他是在自己的家中,在毫无戒备的情况下,被阴险的西班牙人捉住的。后来,暴徒们把他扔在一条船上,准备押往卡斯蒂利亚。当时港口有六艘船即将离岸,上帝为表明此举和其它暴行皆属罪大恶极、伤天害理,便于当天夜里掀起风暴,刮沉全部船只,淹死船里所有基督徒,国王考纳博也戴着手铐脚镣与他们同葬鱼腹。

这位国王有三四个和他一样气宇轩昂的兄弟,看到他们的国王(即他们的兄弟)被无理关押,看到基督徒在其它王国也大肆屠杀和破坏,尤其在得知国王,他们的兄弟惨死后,断然拿起武器,向基督徒发起进攻,以图报仇雪恨。基督徒催马迎战(对印第安人说来,马匹是最可怕的武器),借机大肆进行破坏和屠杀,以致王国大部被荡平,百姓全部被杀光。

第四个王国叫萨拉瓜,它像镶嵌在西班牙岛上的一颗明珠,是全岛的精华。那里的人语言优美动听,举止温文尔雅,待人通情达理,人人品德高尚,相貌端庄,慷慨大方。居民之所以具备这些美德是与岛上有众多的头人和贵族分不开的。国王的名字叫贝奇欧,他有个姐妹,名叫阿娜考娜,二人都忠于西班牙国王和王后,为基督徒做了许多好事,曾多次将基督徒从危难中解救出来。贝奇欧死后,国家权力由阿娜考娜接管。不久,统治全岛的总督来到这里,他带来 60 名骑兵和 300 名步兵。其实,只用骑兵就足以征服整个西班牙岛乃至整个大陆。

300 多名萨拉瓜头人应召,毫无戒备地来到总督府,总督把地位最高的几个头人骗进一个大草屋,然后下令点燃草屋把他们全部烧死,剩下屋外的人也被矛枪和利剑刺死。为了对阿娜考娜表示“宽容”，基督徒将她掐死。一些基督徒不知是出于恻隐之心，还是一时心血来潮，他们把捉到的小孩保护起来，不想，这一下倒害了他们：藏在马上的孩子被其他西班牙人发现后，全都刺死，有几个孩子摔在地上，马上就另有西班牙人用剑砍掉他们的双脚。

一些从这种惨无人道的暴行中得以逃生者，逃到距本土 8 里格的小岛上，总督得知后便宣布他们为奴隶，原因仅仅是因为他们死里逃生，避开了屠杀。

第五个王国叫伊盖伊，由一位名叫伊瓜娜玛的老女王统治着。基督徒连个老人也不放过，把她也掐死了。我曾亲眼目睹过他们杀人如麻的惨景。此外，西班牙人把幸存者变成奴隶后，对他们也滥施酷刑。

西班牙人的屠杀和破坏，方法奇特，不胜枚举，罄竹难书，我认为，即使讲得再详细，充其量也只能说出全部事实的千分之一。

关于战争问题，以上帝的名义并受本人良心所驱，我要说，印第安人除为和蔼可亲的优秀传教士建造了修道院以外，委实没有提供任何口实，使西班牙人据以干下如此惨绝人寰的种种暴行。他们烧、杀、抢、掠无恶不作，最后把幸存者变成奴隶。我还要说，直到岛上百姓被杀光，村庄被夷平，印第安人也没有对基督徒犯下一件应受惩罚的不赦之罪。他们本来可以对其不共戴天的敌人——对他们说来，就是基督徒，——发泄那被上帝禁止的欲望，如以怨报怨，借机出气等，但印第安人很少有这种欲望。就我所知，只有在儿童或 12 岁的少年身上，这种欲望才稍有流露。我深知，印第安人对基督徒的战争都是正义的。而基督徒对他们的战争却没有一场是正义的。恰恰相反，这种战争比世界上任何一个暴君所发动的战争更无道理。我还可断言，他们在西印度所发动的战争其性质全都如此，无一例外。

战争结束后，男人多被杀光，一般只剩妇女和儿童。基督徒对他们进行了分配。根据基督徒的不同表现，从最大的暴君，即总督那里能得不同的恩惠，有人得30名，有人得40名，还有人分得一二百名。尽管这些基督徒都是些白痴、吝啬鬼、凶残暴虐之徒和品质恶劣之辈，但他们均借口要向印第安人传教，每人或多或少都分到一些印第安人。他们对这些印第安人所施的"恩惠"就是把男人送到矿上去采金，这是一种不堪忍受的繁重劳动；把妇女赶到农场去掘土种地，这种劳动即使对男人来说，也是极为繁重的。无论男女，只给他们一些野草和其它毫无营养的东西充饥。暴徒们把产妇的乳汁挤干，以饿死他们的婴儿；丈夫被遣往远方，不能与妻子同居，上述两个原因便使印第安人绝了后代。在矿山上，男人们死于劳累和饥饿，在农场里，妇女也因相同的原因而丧命。就这样，岛上的居民成批倒毙。如果全世界发生同样情况，恐怕世界上将不会剩下一个人。

还有一种劳役是负重运输，使印第安人吃尽苦头。西班牙人强迫他们扛三四阿罗巴[①]重的东西，走一二百里格的路，基督徒自己则躺在像绳网一样的吊床上让印第安人抬着走，他们像役使牲畜那样奴役当地土人。受难者由于负重过甚，肩上、背上长满疮疖，像是垂死的牛马。至于劳动中他们所受的鞭笞、棒打、耳光、拳击、谩骂以及其它各种暴行，更是举不胜举，其惨状见了令人毛骨

① 1阿罗巴相当于11～12公斤。

悚然。

值得注意的是，在这些岛屿和土地上所犯的罪恶是在人们得知尊贵的王后，唐娜·伊莎贝尔于1504年驾崩之后开始的。在她生前，岛上只有几个省区的印第安人死于不义之战，但战祸尚未波及全岛，而即使就在这几个省区，基督徒们所犯的罪行还大部或全部向王后隐瞒了，因为享有盛誉的王后十分关心并希望拯救印第安人，希望印第安人繁荣兴旺，这一切都是我们这些人有目共睹的。另外，还应注意到这样一个规律，即基督徒在西印度，每到一个地方，总是对印第安人无恶不作，滥杀无辜，残酷压榨他们，不仅如此，还总是不断使用更残酷、更令人难以忍受的新手段对付他们。这些新手段又总是比以前更歹毒、更伤天害理。因此，上帝也就更有充分的理由惩罚这些暴徒。

圣胡安岛和牙买加岛的毁灭

1509年，西班牙人到达圣胡安岛和牙买加岛，其目的与征服西班牙岛完全一样。这两个岛景色优美，宛如两个大花园。岛上人烟稠密，有如蜂巢中的蜜蜂。基督徒们欺辱不幸的无辜者，除犯下与上文所述的相同罪行，如烧、杀、炙烤、放狗咬等外，还干下其它很多臭名远扬的勾当。在矿山和其它地方他们拼命压榨印第安人，同样对他们施以酷刑，以致这两岛有60万无辜百姓不幸死于非命，我个人却认为足有100万人丧命。现在，每个岛仅剩下不足200人。所有死者生前都未皈依天主教，也没行过圣礼。

古巴岛的毁灭

1511年,西班牙人登上古巴岛。如上所述,此岛长相当于巴利亚多利德到罗马的距离,全岛很多省区住有居民。基督徒们以与上述相同的手段或比那更凶残的手段摧毁了该岛,这中间发生了很多令人发指的罪行。有位酋长叫阿图埃伊,是当地一位很重要的首领,为躲避基督徒的非人暴行和其所制造的灾难,率众从西班牙岛逃到古巴岛。一天,有人告知基督徒登上古巴岛的消息,他把部下召集起来,说道:"诸位想必已知基督徒已到此地,想必也知某某、某某头人的遭遇,那些海地人(即从西班牙岛来的西班牙人)在此也会如法炮制的。大家可知他们为何如此作为吗?"部下答道:"因为他们天性卑劣。"头人说:"除此之外,他们还十分爱戴和崇拜他们的上帝,为了迫使我等也崇拜他,他们就对我等进行奴役和屠杀。"

头人家中有一篮子珠宝,他取出来说道:"基督徒的上帝就在这篮子里,如果诸位同意,我们就给他跳个阿莱伊多吧!(这是印第安人的一种舞蹈)"大家异口同声地说:"好啊! 好啊!"于是他们便在篮子前面跳起舞来,直到筋疲力竭方才罢休。接着,头人阿图埃伊又说:"诸位听着,如果我等继续保留此物,他们定会前来抢夺,到时候还会杀掉我等,不如把它扔到河里去吧。"众人表示同意,于是他们便把金首饰扔进一条大河。

基督徒一登上古巴岛,这位酋长就像早已了解他们的伎俩似的到处巧妙躲藏,偶然相遇也极力抵抗,但最终还是被捉住了。仅仅为了躲避凶恶的歹徒，为了免遭压榨和屠杀，西班牙人就非要把他及其部下一大批人置之死地，活活把他们烧死。

酋长被绑在柱子上，一位在场的方济各会传教士向他宣讲了上帝的存在和我们基督徒的信仰。传教士在刽子手所给的这一短暂的时间里所讲述的事情是阿图埃伊从来没听说过的。传教士问他是否相信刚才对他说的话，即他或步入天堂享受尊严和荣誉以及永恒的憩息，或堕入地狱去忍受那无涯的折磨和痛苦。头人想了想问道："基督徒是否也进天堂？"传教士答道："进，但只有好基督徒才能进。"于是这位头人断然表示，他宁愿下地狱也不进天堂，因为地狱没有基督徒，只有在那里他才能避开那些凶恶的暴徒。这就是西印度的基督徒为上帝和我们的信仰所赢得的"声誉"和"尊严"。

一次，印第安人带着食品和礼物来到一个离大村庄 10 里格的地方迎接我们。我们一到，他们就奉上大量鲜鱼、干粮和其它食品以及他们所能拿出的一切。不料，基督徒突然凶相毕露，当着我的面毫无道理地用剑杀死了坐在我面前的 3000 多名男女老少。这一暴行是我亲眼所见，我相信任何人见此惨状都会毛骨悚然的。

另一次，就在不久以前，我派几名使者去哈瓦那省告诉所有头人不要因我们的到来而害怕——由于多次屠杀，印第安人见了基督徒就胆战心惊，——这些头人对我向有所闻，是信任我的。我令使者对他们说不必惊惶，尽可放心前来迎接我们，不会有任何人伤害他们。队长也表示同意不伤任何人。果然，我们到达后，有 21 名酋长和头人出来欢迎我们，不料那个队长却突然背信弃义，扣留了所有来人，结果我对印第安人的保证成了一句空话。后来，那个队长竟打算过几天把被捕的人烧死，他说必须这样做，因为那些头人总有一天会闹事的。我竭尽全力才把头人从死亡中解救出来，他们终于脱了险。

古巴岛的印第安人与西班牙岛的百姓一样，被沦为奴隶，备受折磨，为了不白白送命，人们纷纷逃进山里。有的夫妻没能逃走，绝望之极，在扼死自己孩子后，双双悬梁自尽。仅由于一个西班牙暴徒（我认识他）的残暴行为，就有 200 多人上吊自杀，此外，还有成千上万的人以同一方式死于其它暴徒之手。

古巴岛上有一个西班牙国王派来的官员，他分得 300 名印第安人，3 个月后被他在矿上累死了 270 名，仅剩下 30 名，即仅剩 1/10。后来，又给他 300 名，同样又被他折磨死了。总之，给得越多，他杀得越多，直到他一命呜呼——魔鬼钩去了他的灵魂。

我在古巴岛逗留的三四个月中，7000 多名儿童饿死在他们父母服役的矿山和农场。我还目睹了很多其它恐怖现象。后来，西班牙人决定上山猎获逃跑的印第安人，在那里他们又犯下了令人发指的暴行。我亲眼目睹了他们如何迅速地毁灭了全岛。灭绝了岛上的居民，全岛到处呈现一片荒凉凄惨的景象，见此情况真令人感到痛心疾首。

大陆的毁灭

1514 年，一个既可卑可怜又残暴专横，既冷酷无情又肆无忌惮的总督来到大陆。他像天神发怒时惩罚人类的工具，带领众多西班牙人在那里专事掠夺和屠杀。——干这种勾当他是再合适不过的人选了。尽管过去曾有不少暴徒也到过大陆进行烧杀抢掠，也曾激起过当地百姓的愤怒，但那时他们仅局限在沿海一带活动，范围不大，而这个总督则大不一样，他使那些在大陆和其它各岛上恣意妄为、作恶多端的歹徒望尘莫及，因为其残暴程度超过他们任何人。他不仅把沿海的居民，而且还把广袤大陆各王国的臣民都斩尽杀绝，送进地狱，从而把达连[①]以上到尼加拉瓜王国，包括尼加拉瓜各省区在内的方圆500多里格的村村镇镇夷为平地，而这片土地原是世界上最美丽、最富饶、人烟最稠密的地方，那里曾居住着为数众多的头人和数不清的百姓。大陆还是一个盛产黄金的宝地，其储量之多，任何地方都不能与之相比。虽说西班牙岛也盛产优质黄金，但现在那里的金矿都已采掘殆尽，当地的印第安人也被斩尽杀绝。

该总督及其部下发明并使用各种各样的手段折磨印第安人，逼他们交出黄金。总督手下有个队长，奉命开往某地抢劫。他用剑刺、火烧、唆使恶狗狂咬等各种酷刑折磨印第安人，致使40000左右的生灵惨遭涂炭。这些都是那位与队长在一起的方济各会教士弗朗西斯科·德圣拉蒙神父亲眼所见。

直到现在，那些统治西印度的西班牙人仍以野蛮愚昧的手段强迫印第安人皈依天主教，说是只有如此方能拯救他们的灵魂。为达目的，他们不惜任何手段，也不顾所产生的恶果。除此之外，他们还千方百计对其所犯的罪行进行掩盖和美化。他们的野蛮愚

① 达连在现今巴拿马西部。

昧真是到了无以复加的地步。他们为所欲为，按自己随意想到的任何手段逼迫印第安人皈依宗教、臣服卡斯蒂利亚国王与王后。印第安人稍示不满，就被置于血火之中，或砍或烧，或被卖为奴。此种作为，如同为世人牺牲了性命的上帝之子[①]在颁布“Euntes doceteomnes gentes”[②]的敕令之后，有人强迫在自己土地上过和平生活的非基督徒接受教义，如遭拒绝就停止向他们讲经布道一样荒唐。同样，如果印第安人不愿臣服于一个他们从未听说、从未见过的国王——这位国王手下的总督及其部下又如此狠毒、残忍和难以言状的暴虐恣睢——他们就得丧失自己的土地、自由乃至妻儿老小全家人的性命，这是何等荒谬绝伦的事情！真该受到诅咒和谴责，真该把它抛入地狱！

那个愚昧野蛮的总督恰恰就是这样干的。他向印第安人公布了一道与上述一样荒唐可笑，逆情悖理的命令。一天，西班牙人受命袭击、抢劫一个富有黄金的村庄。当时，印第安人正在自己家中休息，全然不知大难就要临头。夜间，西班牙袭击者来到离村庄半里格的地方停下来，自我宣布那道命令，理直气壮地叫道：“大陆某村的酋长和印第安百姓听着，我等到此是为了向你们宣布世间只有一个上帝、一个教皇和一个卡斯蒂利亚国王。国王乃是此地的主人，你们快快俯首听命吧！……如敢违命，我等定要向你们开战，反抗者格杀勿论！……”天刚蒙蒙亮，正当无辜百姓与妻子儿女酣睡之时，这群西班牙人冲进村庄，放火焚烧村里的茅屋，妇

① 指耶稣基督。——译者

② 拉丁语，“你们往普天下去，传福音给万民听。”见《马可福音》第16章。——译者

女和儿童全被活活烧死。还有很多人，尚在睡梦中就被暴徒们肆意杀掉。屠杀后，为逼迫那些幸免于难者交出更多的黄金和说出其它富有黄金的村庄，又活活折磨死很多人。剩下的则被打上烙印，变成奴隶。大火熄灭后，西班牙人全都冲进废墟，寻找黄金。

从1514年到1521年或1522年，那个十恶不赦的总督及其带来的所有基督教歹徒一直不断地如此活动。另外，他还向该地派去五六个或更多的忠实奴仆去进行掠夺。这些人把抢来的黄金、珍珠、宝石和奴隶，除分给大队长一部分外，全都交给了总督。国王派去的官员也一样，都千方百计派遣尽可能多的年轻人和走狗从事上述的勾当，就连危地马拉第一任主教也不例外，他也派出亲信大捞了一把。

据说，当时他们在那个王国抢走约100万卡斯特诺的黄金，但就我所知，实际上远远不止此数。从所有抢来的财物中，他们只给西班牙国王3000卡斯特诺。与此同时，他们屠杀了80万当地土人。在1533年以前，又有几个残暴的总督先后来到此地，他们和受他们纵容的人把战争后的幸存者全部折磨死了。

上面提到的那个总督，在其任职期间和其部下所犯的无数罪行中，有一件最值一提：一个酋长也可能是头人，或出于自愿或由于害怕（后者最可信）献给总督9000卡斯特诺黄金，但总督仍不满足，遂下令把那个头人抓起来，坐绑在一根柱子上，拉开双足放在火上烤，逼他交出更多的黄金，酋长叫人到他家又拿来3000卡斯特诺黄金，总督还不罢休，继续对他施以酷刑，他再也不去拿了，这也许是因为他的黄金确已告罄，也许是因为他不愿再给了。这样，酷刑一直持续到从他的脚掌处流出骨髓死去为止。为了逼迫印第安人交出黄金，他们无数次使用这种手段，折磨死很多人。

还有一次，一队西班牙人到山上去抢劫，因为许多印第安人都从基督徒令人颤栗的暴行中逃进这座山里。暴徒们进山后直接就向这些人扑去，把遇到的人全杀了，最后，掳走了七八十名年轻妇女。次日，为自己妻女而焦灼不安的印第安人聚集起来，追杀基督徒。基督徒被逼急了，但又不甘心放弃自己的战利品，遂用剑向这些年轻妇女的肚子刺去，七八十人无一幸免。印第安人见此惨状，人人肝肠寸断，悲痛万分。他们高声叫道："啊！万恶的歹徒啊！残忍的基督徒，你们竟连伊拉斯都不放过！"伊拉斯是当地人对妇女的称谓。他们说，只有丧失人性的畜牲才戕害妇女。

离巴拿马城10到15里格处，有个酋长叫帕里斯，拥有大量黄金。一次，基督徒们来到该地，头人像对待自己兄弟一样欢迎他们，主动给他们队长50000卡斯特诺黄金。那个队长和其部下一致认为，没受任何折磨而心甘情愿拿出这笔巨款的人，一定还有更多的财富(财富乃是基督徒行动的宗旨，有了财富他们才感到满足)，于是，他们佯装离开村子，返回自己驻地，但黎明前又折回来，大摇大摆地开进村庄，放火烧死很多人，还抢走五六万卡斯特诺黄金。那位酋长躲过暴徒的追杀，逃出虎口，随即组织一批人进行反抗，两三天后赶上了那些腰缠十三四万卡斯特诺黄金的基督徒。他们勇敢地向敌人扑去，杀死50人，夺回了所有黄金，受伤的基督徒也都落荒而逃。事后不久，基督徒又卷土重来，酋长及其部下全部被杀，幸免者与通常一样，被置于奴隶地位折磨致死。由于这个可悲的队长及其部下在大陆进行的破坏活动和烧杀抢掠，致使好端端一块方圆 30 里格住满人群的土地顷刻间化为一片废墟，人迹杳然。他们的罪行真是罄竹难书。

尼加拉瓜省区的毁灭

1522 年到 1523 年，前面提到的那个专横跋扈的总督再次来到尼加拉瓜省区，当时，该省区正处于令人痛心的灾难之中。谁能说清那里当初是何等美丽富饶、幸福欢乐、繁荣昌盛和令人赏心悦目啊！谁能尽述那人烟稠密，人丁兴旺的盛况呢？的确，在这绵延三四里格的地带竟住有那么多百姓真使人感到惊讶。那里果树茂密，万顷苍翠，这是该地区人口众多的原因之一。

尼加拉瓜省区地势平缓，一马平川，因此没有深山群峰可供人藏身，加上这里居民贯于逆来顺受，生活又美满，谁也不愿舍离故土离乡出走。为此，人们受尽了基督歹徒的蹂躏和奴役，忍受着歹徒们所滥施的各种暴行。那个暴虐总督与在别国中曾同他一起进行破坏的暴徒们到达该地后，给居民带来极大的灾难。他们滥杀无辜，掳人为奴，制造无数难以名状的惨案，犯下了骇人听闻的罪行。所有这一切，真是难以尽述，甚至没有任何语言足以表达清楚。有时，仅仅因为一件小事，如没遵命按时应召到达指定地点；没有供足当地作为主食的玉米或是没有如数送去供总督本人及其同伙驱使的印第安人，他就要派遣 50 名骑兵对比卢塞隆公爵领地[1]还要大的整个省区进行扫荡，从不放过一个印第安人。由于那里地势平坦，谁也逃不脱骑兵和总督本人的血腥屠刀。

该总督还派遣西班牙人到另一个省区去猎获印第安人，允许他们从和平的村庄中随意带走任何曾为其效劳过的印第安人，想带走多少就带走多少。

为运输，他们强迫印第安人背负 3 阿罗巴重的货物，但又生怕印第安人把货物扔在途中，于是暴徒们便把他们用锁链连起来。有一次，和过去屡次发生过的情况一样，4000 名印第安人中只有 6 人活着回来，其余都活活累死在路上。途中，为把那些因负载过重，筋疲力竭而步履踉跄，或因饥饿辛劳和体弱力衰而生病的人逐出队伍又不必解下锁链，西班牙人便砍下他们的头颅，使其身首异地。不难想象，印第安人见此惨状该是多么难受啊！因此，每当印第安人被迫进行类似的长途跋涉时，他们立刻明白，这次再也不能生还了。离家之时，他们总是痛哭流涕万分悲痛地说："我们曾在这条路上为基督徒搬运过货物，当时虽然活很重，但过一段时间总还能回到家里与亲人团聚。现在我们走了，再也见不到他们了，我们再也不能活着回来了。"

一次，那个残暴专横的总督一时心血来潮，想重新分配他的印第安奴隶（也有人说，他这样做是为了撤掉不中意的印第安人，换上满意的）。这样一来耽误了耕种时节，致使庄稼歉收，酿成饥荒。于是，基督徒们就把印第安人为养活孩子而储备的玉米抢走。这一恶行使二三万人死于饥馑，有时甚至还出现母亲杀子充饥的

① 在法国南部。——译者

惨剧。

每个印第安村庄都宛如一座大花园，西班牙人盘踞在据说是分配给他们的村子里——或用他们自己的话来说，住在委托给他们的村子里——为所欲为，无恶不作。他们吃掉印第安人的活命粮，夺走印第安人赖以维持生计的土地和财产，使全村百姓，包括头人、老人、妇女和儿童都变成他们的奴隶，被迫夜以继日地为他们劳作。甚至连孩子——他们能有多大力气干活呢？——也要做力所能及或根本力所不能及的苦工。因此，很多印第安人活活被折磨致死，使尼加拉瓜省区人口所剩无几，而且现在仍在不断有人死去。印第安人没有，也不准有自己的房屋和财产。在毁房夺财方面，这里的西班牙人超过了西班牙岛上的暴徒所犯的罪行。

西班牙人驱使印第安人把大块木板和原木运往 30 里格以外的港口造船，强令他们像畜牲一样负重，甚至连孕妇、产妇也不放过。另外还迫使他们上山采蜜取蜡，很多人在山区被老虎吃掉。西班牙人就这样敲骨吸髓，致使印第安人筋疲力竭，大批死亡。

尼加拉瓜省区最令人毛骨悚然的灾难是总督允许西班牙人向各村的酋长和头人索要奴隶，每隔四五个月，西班牙人总要去一次，如果某人得到总督的特别恩准，他可随时找酋长索要。每次一张口就要 50 名，还威胁说，如果不给，就要将他们烧死或叫恶狗咬死。印第安人一般没有奴隶，一个酋长不过有两三个，最多不超过 4 个，因此，为了应差，酋长只好在村里到处搜寻。孤儿首先被抓走，然后逼迫有 2 个孩子的父母交出 1 个，有 3 个的交 2 个，这样酋长才勉强凑齐暴徒向他索要的数目。每到抢人之时，村里一片哀号，因为谁也比不上印第安人更喜爱自己的孩子。这种恶劣行径层出不穷，以致 1523 年到 1533 年，整个尼加拉瓜王国呈现一派荒凉景象。

那时，有五六艘船，六七年来一直在该地专事贩卖人口的活动，每次都掠起大批印第安人，把他们作为奴隶卖到巴拿马和秘鲁，这些人后来全都客死在异国他乡。据调查材料和众多人士的耳闻目睹证明，被迫离乡背井的印第安人极易死亡，更何况卖出后，主人既不给吃饱，也不减轻劳动量——因为买奴隶就是让他们干活的。——因此死亡人数与日俱增，西班牙人在尼加拉瓜一共抓走 50 万名和我们一样本应享有自由的印第安人，全都把他们变成了奴隶。由于西班牙人发动的残酷战争和进行的可怕掠夺，至今又使五六十万人死于非命。直到目前，西班牙人也未停止对他们的屠杀。14 年来，这些人无恶不作，如今仍有大约四五千人在尼加拉瓜省区活动，他们每天都在剥削、压榨印第安人，使他们不断死亡。当初，这里原是世界上人口最稠密的省区之一，如今竟变得人迹罕见。

新西班牙的毁灭(一)

1517 年征服者发现了新西班牙[①]，在发现过程中，他们破坏了印第安人的宁静生活，犯下了无数罪行，很多人成了征服者的牺牲品。1518 年，徒有虚名的基督徒虽然口头说他们去新西班牙是为了定居，实际是为了打家劫舍。从 1518 年到现在的 1542 年，基督

① 此处指现今墨西哥一带。——译者

徒在西印度所犯下的滔天罪行和诸多不义之举以及他们所使用的暴虐专制手段都达到了登峰造极的地步。这些人早已丧失理性，把对上帝和国王的敬畏置之脑后，他们在大陆诸多富饶的王国里所干的无数凶残暴戾的勾当、屠杀破坏活动和灭绝种族的罪行以及烧杀抢掠等惨无人道的劣迹都远远超过了我们过去所历数的全部罪行的总和。即使我们把无数过去没有谈及的暴行都包括进去（这些暴行多得罄竹难书），在数量上和程度上，都不能和他们在1518 年到现在的 1542 年间所犯的罪行相比，而九月份的今天，他们所干的勾当更严重、更为可憎。令人发指的行为和惨无人道的暴行日甚一日，日趋猖獗。由此可见，我们说过的那一规律是千真万确的[①]。

从 1518 年 4 月 18 日开始入侵新西班牙至 1530 年，整整 12 年间，在墨西哥城及其附近约 450 里格的土地上有四五个比西班牙更大，更富饶的王国，西班牙人用沾满鲜血的双手和凶狠的利剑不停地进行屠杀和破坏。在这片绕一周需走 1800 里格的土地上，上帝安排居住的人口之多，超过托莱多、塞维利亚、巴利亚多利德以及萨拉戈萨和巴塞罗那[②]的总和。因为上述城市，即使在人口顶峰之时，也没达到那么多人。12 年来在上述方圆 450 里格的土地上，西班牙人用刀砍、矛刺、火烧等手段共杀戮了 400 万印第安男女老少。在他们称做征服的时间里，凶残暴徒的那种不仅被上帝所规戒，而且也被世俗的法律所谴责的野蛮入侵与土耳其人破

① 见本书第 27 页。——译者

② 均为西班牙城市名。——译者

坏基督教堂的行为毫无二致，甚至有过之而无不及。除直接屠杀外，在残暴地奴役、蹂躏和压迫下，还有很多人死于非命。无论什么语言，什么宣传工具和人类的新技术都不足以表现这些人类不共戴天的敌人在那片土地上同时在几个地方一起犯的，或在不同时间分别犯下的令人发指的罪行。他们的罪恶真是惨绝人寰，再大的智慧，再多的时间，再好的文笔也难以述尽。但是，作为抗议和诅咒，我仍要陈述某些地方所发生的暴行，虽然这样做并不足以道尽他们全部罪行之万一！

新西班牙的毁灭（二）

在西班牙人的历次屠杀中，有一次是在一个有30000人口的名叫乔卢拉城进行的。那天，当地的祭司们在祭司长的率领下，如列队迎圣一般，以极大的敬意和热忱迎接基督徒的到来。所有地方头人也都一起出动，他们把来人簇拥到城里几个主要头人的府邸下榻。西班牙人刚刚住下就决定大开杀戒，用他们的话就是“惩戒印第安人”，在整个地区大施淫威，以便制造恐怖气氛。须知，西班牙人每到一地，总是先进行一次大屠杀，目的在于威慑那些驯服的羔羊。这次，他们把城区所有头人及其下属的地方头人及贵族，召进屋里，说是西班牙队长找他们谈话，以此圈套，西班牙人轻而易举地逮捕了应召而来的所有人，一点风声都未走漏。暴徒们令头人派五六千人来为自己搬运货物，不久，五六千人也即应召而来，他们又把这些人关在庭院里。这些为西班牙人做苦工的印第安人的样子实在令人可怜，让人痛心：他们全都赤身裸体，只用一块兽皮遮羞，肩上背着一个小网兜，里面装着几块干粮。他们全都紧挤在庭院里，像驯服的羔羊跪在地上。武装的西班牙人把守大门，一切就绪之后，西班牙人便拔出利剑向羔羊刺去，一个都不放过。两三天后，一些浑身鲜血淋漓的印第安人从死人堆里活着逃了出来，他们向西班牙人流着泪乞求怜悯，请他们勿再杀人，但这些心狠手辣、没有一点良心的强盗又把这些印第安人剁成碎块。对那一百多名被捕的头人，队长下令将他们捆在柱子上活活烧死。一个头人，大概是那地方的国王，挣脱绳索与另外二三十人或四十人逃进一座他们称作“杜”的、外表很像一个城堡的大庙里进行了长时间的抵抗。由于手无寸铁，西班牙人根本不把他们放在眼里。后来，强盗们把大庙付之一炬，在烈火中挣扎的印第安人高声叫道：“啊！歹毒的畜牲啊！我们怎么得罪了你们？为什么要屠杀我们？你们有本事到墨西哥城去吧，万能的首领蒙特苏马会给我们报仇的。”据说，那次西班牙人在庭院里用剑刺死了五六千人。当时，他们的队长一边杀人，一边还高声唱道：

尼禄[①]在塔尔佩亚石丘[②]上观望，
大火吞噬了罗马城，火海汪洋。
老人们苦苦呼救，孩子们呼爹唤娘，
而他却无动于衷，好像没看见一样。

另一次，屠杀发生在特佩阿卡城，该城比乔卢拉更大，人口更多。西班牙人极为残忍地用剑刺死了无数人。这以后，他们又返

① 古罗马暴君。——译者
② 此石丘在古罗马城内，是统治者惩罚罪犯的地方。——译者

回乔卢拉，从那里向墨西哥城进发。伟大国王蒙特苏马派去头人和部下，携带大量礼品，在路上举行欢迎仪式，在离城2里格的墨西哥大道上[①]，又派其兄弟和不少显赫的头人，带着大批金银财宝专程迎接，在城门口国王亲乘金辇，率领全体文武大臣躬身亲迎，亲自把他们接进城内，安置在他的宫殿下榻。就在当天，据在场的一些人事后吞吞吐吐地对我说，他们逮捕了伟大国王蒙特苏马，并派80名士兵严加看守。不久，索性又把他铐了起来。此中详情和后来发生的事情，后面还将谈到。现在，我只叙述一件暴徒们犯下的令人发指的行径：一个队长去海港追捕另一个反对他的队长，[②]在城里，只剩下另一队长和一百多名士兵看守蒙特苏马。他们决定再干一场骇人听闻的暴行，以加剧整个地区的恐怖气氛，这是他们多次使用的伎俩。

当时，全城的印第安百姓和蒙特苏马的宫廷大臣为了给伟大的国王解忧，组织各种使他高兴的活动，其中之一是每天下午在城内各地或广场上跳一种他们常跳的、叫米托特斯的舞蹈，这种舞在西印度群岛叫阿莱伊多。跳舞时，人人穿上节日盛装，佩戴各式珠宝，因为这是他们最重要的娱乐和消遣方式。根据级别，地位最高的贵族和武士在他们强大无比的国王的宫殿附近跳舞，但在最靠近宫殿的地方跳舞的则是2000名头人子弟，他们是蒙特苏马帝国的精华。

那个西班牙队长派人混入宫廷附近的印第安人中间，又派其

① 指从首都所在岛到陆地间的人造堤坝大道。——译者

② 指墨西哥征服者埃尔南·科尔特斯与纳瓦埃斯等人的内讧。——译者

他人到城中其它进行娱乐活动的地方，佯装观看跳舞，他们约定在同一时间一起向印第安人发动进攻。正当印第安人毫无戒备地沉浸在欢乐气氛中载歌载舞时，队长蓦然叫道："上帝保佑，冲啊！"西班牙人全都拔出利剑刺进印第安人瘦弱的身体，受害者顷刻血流如注，歹徒们没有放过一个人。在其它广场上，他们也如法炮制。这一事件把其它地区的国王和黎民百姓也都吓坏了，人人感到焦虑、痛苦和忧伤。我想，从此时此刻起直到世界末日来临，忧伤会一直纠缠着他们的心灵，他们会一直边跳舞边用阿莱伊多（相当于我们的罗曼斯[①]）吟唱多年来一直声名显赫的一代贵族此时此刻所遭到的劫难。

印第安人受到西班牙人如此伤天害理、残酷暴虐的对待后，其至高无上的国王竟然下令禁止他们向基督徒进攻，为此，他们遭到比蒙特苏马更悲惨的对待，于是全城百姓义愤填膺，不顾一切地拿起武器向基督徒冲去，许多西班牙人受了伤，但他们终于把城团团围住，几乎一个歹徒都没跑掉。西班牙人用匕首对着被监禁的蒙特苏马的胸口，逼他来到走廊前向印第安人发布停止攻打宫殿的命令，并让全城居民安定下来。但是，印第安人再也不听他们国王的话了，相反，他们开始讨论如何再选一位国王领导他们战斗。此时，正值那个去港口进行讨伐的队长率其众多部下凯旋而归。当他们快到城里时，印第安人暂停进攻，放他们进城，一俟西班牙人进城，印第安人遂在全城发动总攻。几天以后，西班牙人被打得丧魂落魄，只好决定在晚上撤离城池。印第安人获悉后，埋伏在岛陆

① 是西班牙中世纪兴起的一种诗歌形式，偶句押韵，奇句不限。——译者

之间的桥上，以正义和圣战的名义，为其正义事业，杀死了大批基督徒。任何有理智，有正义感的人都会为这一壮举拍手称快的。[①]

后来，基督徒经过休整又卷土重来，向该城发动反攻，对印第安人制造了骇人听闻的惨案，大批百姓惨遭杀戮。许多头人也被活活烧死。仅在墨西哥城周围10、15到20里格的土地上就有无数人死于非命，在其他城市里歹徒也干尽了坏事。接着巨大的灾难又降临在帕努科省，不久，该省区也被暴徒夷为平地。随后，西班牙人又从那里把灾难带到其它地方。帕努科省区是个人人称赞的地方，很多人都居住在那里。暴徒们屠杀了众多居民后，又同样摧毁了库特佩克省，再以后是伊皮辛戈省，接着是科利马省，上述每个省都比莱昂[②]或卡斯蒂利亚王国还大。他们所有破坏活动和烧杀抢掠行为无一不骇人听闻，把其全部描述出来是极为困难的，或者说，是根本不可能的。

值得注意的是他们在那片使真正的基督徒赞不绝口、心旷神怡的土地上进行野蛮入侵、行凶杀人和肆意破坏时，使用的借口是印第安人不听命于西班牙国王，不受其统治，因此，他们才大开杀戒并把幸存者沦为奴隶。那些拒绝执行西班牙人无理、荒唐的命令，又不甘心落入这群凶残畜牲的魔爪之中的印第安人，一概被称为反叛分子，成了反对为陛下效劳的忤逆，征服者因此还向国王，我们的君主提出控告。统治西印度的失去理智的暴徒们不知道，也不理解，就在他们自己的法律上清清楚楚地写着：如非臣民，无

① 上述事件即历史上有名的“忧伤之夜”。——译者

② 莱昂系西班牙统一前的一个王国。——译者

所谓反叛。请想一想，如果有人突然宣布："你等必须臣服于一位你们不曾耳闻目睹的国王，否则格杀勿论！"那些在自己土地上和平生活，与世无争，与人无害，有着自己天然君主的居民听后该是多么痛心，而那些基督徒们要是心中多少还有上帝，多少还懂得一些事理，多少知道一点人间法律的话，一定会对那些居民深表同情。尤其后来，基督徒们真的开了杀戒，并把那些表示屈服的人置于奴隶地位，强迫他们从事不堪忍受的劳动，忍受长时间的折磨，到老不死就用利剑枭首，最终印第安人一批批死绝就更令人同情。只有那些不懂事理，不懂法律，置上帝于不顾的暴徒，才会无动于衷。

经过上述灾难和威胁之后，印第安人——任何人也一样——只好听从并承认了外国君主的权威。被恶狼般贪婪和野心迷住心窍，失去理智的人们，你们是否知道，你等所作所为皆为罪恶？你等残忍乖张的暴行实在令人恐惧，令人不寒而栗。暴行之后，你等竟然还祈求上帝保佑，这无论于神人之法还是天然之法均无可饶恕，除非你等把自己置于地狱的烈火之中赎罪，因你等使卡斯蒂利亚国王与王后蒙受了羞辱与非议。基督徒们摧毁了西印度各王国，影响了西班牙在西印度应享的权利，这就是西班牙人为其国王所做的一切，直至今日还是依然如故！

那个残忍的队长[①]以上述那些冠冕堂皇的借口派遣另外两名比他本人更凶残、更丧心病狂、更惨无人道的队长分别到两个非常繁荣富饶、人丁兴旺的大国：一个去位于南海的危地马拉；另一个

① 可能指讨伐纳瓦埃斯的埃尔南·科尔特斯。(见第31页注②)——译者

去位于北海的纳科-洪都拉斯(也叫那科-瓜伊穆拉)。两个王国相毗邻,又都与墨西哥城相距二三百里格。一个队长从陆路出发,另一个由海路进军,每人都率领不少骑兵和步兵。说真话,两恶相比,那个去危地马拉的家伙更坏,因为去那科的歹徒不久就一命呜呼。我原本想搜集前者所犯下的诸多罪行,如滥杀无辜、肆意破坏和其它伤天害理的暴行,并据此写出一部巨著,它定会使现在和将来几个世纪的人读后全都感到震悚。因为此人在烧杀抢掠诸方面都大大超过过去和现在所有的暴徒。那个由海路去纳科-洪都拉斯的家伙,在沿海的一些村庄也进行了抢掠,驱走当地居民,引起了骚乱。在尤卡坦王国——这是去纳科-瓜伊穆拉王国的必经之地,——印第安人曾出来迎接他们,但他们刚一到,队长就派几个小队长带人进行杀戮,捣毁了很多村庄,灭绝了所有村民。其中一个小队长还带300人深入危地马拉的腹地,沿途烧杀抢掠,无恶不作。这些罪行都是在这方圆120里格的土地上干出来的,抢劫者个个阴险狡诈,如果再派更多的此类歹徒前去打劫,那里土地将会更加荒芜,百姓定会揭竿而起,为其所受的损害和摧残报仇雪恨。

几天后,这个小队长起来造反,杀死了那个派他前来打劫的队长。不久,又有许多极其残忍的暴徒接踵而来,从1524年到1535年,这些人均进行了骇人听闻的屠杀和其它种种暴行。有人还把印第安人当作奴隶卖给为他们运来酒、水、衣物和其它物品的船员。最后,对剩下的人进行异常残酷的压榨。这样,他们把整个纳科-洪都拉斯王国全部夷平,使王国所在的省区也全都变成一片瓦砾。这些地方过去曾是快乐的天堂,人口比世界人口最稠密的地方还多，而现在，见到它被破坏得如此凄惨，就是铁石心肠的人也会痛心疾首，肝肠寸断的。在这 11 年间，西班牙人共杀死 200 万人，现在，在这周围上百里格的土地上，仅剩下了 2000 人，而这些人还都在奴役中不断死去。

我们回过头来再谈谈那个去危地马拉诸王国的残暴成性的小队长吧。如上所述，他比那个去纳科-洪都拉斯的队长更坏，和目前正在与墨西哥毗邻的各省区里活动的西班牙人的所作所为一模一样。在致派他前去抢劫的队长的信件中，他承认，他在去危地马拉的长 400 里格的旅途中，以上述借口，烧杀抢掠无恶不作。他们以西班牙国王的名义，迫使印第安人向他们这些丧失人性、寡廉鲜耻的暴徒屈服，而西班牙王国对印第安人来说，却是前所未闻，十分陌生。印第安人都认为该小队长比任何其他西班牙人更狠毒，更残酷，因为他权力极大，不容别人表述自己的见解，只要他一声令下，西班牙人就即刻大开杀戒，活活把印第安人烧死。

危地马拉省区和王国的毁灭

上述那个小队长，一到危地马拉就大肆屠杀，尽管如此，印第安人国王仍坐轿率首都阿尔塔斯兰的众头人出城相迎，百姓敲锣打鼓，十分热情。国王盛情提供西班牙人所需的粮食和其它一切他们所能拿出的东西。当天晚上，西班牙人坚持在城外过夜，因为他们认为城池牢固，贸然进城过夜有失谨慎。第二天，小队长下令把国王及其属下的头人召来，众头人均像驯服的羔羊俯首听命。他们刚刚到来，就统统被逮捕，歹徒们强迫其交出大量黄金。他们回答说没有，因为那里根本没有金矿。后来，小队长在没有任何罪名，也不经审理和宣判的情况下，竟下令将他们全部烧死。此事发生后，省区的其他头人纷纷离开所在村庄，向山上逃去。临走之前，他们命令部分百姓到西班牙人那里，像侍候他们自己那样侍候那些歹徒，但是不要说出他们藏身之地。于是，印第安人便前去对西班牙人说，他们愿意为其效劳，定像对待头人那样唯他们之命是从。但这位“善良”的小队长却说，他们并不想收留这些印第安人。如果他们不说出头人藏在什么地方，他就杀掉他们所有的人。印第安人说，他们不知道头人藏到什么地方去了，表示仍要西班牙人收留他们和他们的妻女。又说，头人有可能躲在自己家中，可以到他们家中去找，然后杀掉或随意惩治他们。印第安人虽再三恳求收留，但均无济于事，结果事情发展到令人齿寒的地步：西班牙人闯进各村，用剑刺死很多正在干活而又毫无戒备的可怜人和他们的妻小，并把他们剁成碎块。一些歹徒来到一个大村庄(那里的人比其它地方的人更自在，更无忧无虑。)，进村后仅两小时就几乎把全村夷平，把村里男女老幼全都斩尽杀绝，一个不剩。

印第安人终于明白，用卑恭、耐心和忍让以及大量给养根本不能使惨无人道的畜牲心慈手软，相反，这帮人面兽心的家伙仍无所顾忌，肆无忌惮地对待他们，任意大开杀戒。不能眼看自己即将成为西班牙人屠刀下的牺牲品，而甘心等死，于是决心团结起来，同仇敌忾向豺狼般凶恶的敌人复仇：尽管他们明明知道，以其不握寸铁之手，羸弱裸露之躯，赤脚步行去反对那些骑在高头大马之上、全副武装的凶暴之徒万难取胜，终将难免被其消灭，但他们仍决心反抗，誓死战斗到底。

为了对付西班牙骑兵，印第安人在交通要道上挖了一些陷阱，陷阱里插满用火烧尖的竿子，陷阱上面覆盖野草，使人丝毫看不出草下有机关。这样，掉进坑里的马匹就被竿子戳穿肚肠。但这一方法收效不大，因为西班牙人很快掌握了识别陷阱的方法。为了报复，西班牙人又作出新规定，即把被捕的印第安人，不分年龄和性别，甚至孕妇、产妇、孩子和老人全都扔进陷阱里，直到竿子上插满人，陷阱内填满人为止。如此惨状，委实令人目不忍睹，尤其看到妇女和儿童遭此劫难，尤其令人于心不忍。就是有人躲过陷阱之难，西班牙人也用矛刺、刀砍将他们杀死，或让猎狗撕成碎块吃掉。如果捉到某个头人，为了"尊重"他，就用旺火烧死。从1524年到1530年或1531年近7年间，印第安人就生活在这种惨绝人寰的屠宰场里。请想一想，在这种情况下，有多少人死于非命呀！

那个邪恶凶残的小队长和他的一个同伙——在卑劣和邪恶方面后者与前者不相上下——在其所犯下的无数暴行中，有一件最令人发指。事情发生在他们作恶的库斯卡坦省，就是现在的圣萨尔瓦多城附近地区。那里有绵延45里格长的南海海岸，土地极为丰饶，库斯卡坦城是省区首府。在那里，西班牙人受到热烈欢迎，约有二三万印第安人带着烧熟的母鸡和其它食品，恭候他们的到来。到达后，他们欣然接受了印第安人的礼物。小队长答应每个西班牙人都能在众多印第安人中挑选尽可能多的人供其逗留期间役使，还允许他们随意抢劫。每个暴徒都挑选了50到100或更多他们认为能更好地为其效劳的印第安人。不幸的羔羊忍受了被人摆布之苦，小心翼翼地侍候这些西班牙人，但这并不说明他们尊敬这些家伙。与此同时，这个小队长强迫众头人交出大量黄金，因为这是他们到达此地的首要目的。印第安人表示愿为其效劳。于是，他们收集了大量铜斧，由于斧中多少含有些微黄金，所以铜斧很像是黄金铸的。小队长叫人用试金石试一下，见是铜的，便对其同伙说："这鬼地方！我们走吧，这里没有黄金。记住，要把侍候你们的印第安人都铐上手铐带走。"他还命令给印第安人都打上奴隶的烙印。他的同伙欣然遵命，给印第安人全部戴上手铐，打上国王奴隶的烙印。城里主要头人的儿子也遭到同样命运，此事为我亲眼所见。

侥幸逃出虎口的印第安人和王国的其他幸存者见西班牙人如此残暴，便团结起来，拿起武器进行英勇反抗。西班牙人对他们又进行了残酷镇压和屠杀。烧杀抢掠后，西班牙人返回危地马拉，在那里建立一座城市，此城后来遭到公正的惩罚：上帝降下三大灾难——水灾、地震和山崩（崩落的石块比 10 到 20 头牛还大。）——将它摧毁了。

在危地马拉，所有头人和能战斗的印第安人都被西班牙人杀死，幸免者也被置于悲惨的奴隶地位。暴徒们向印第安人公开索要奴隶，说这是一种必交的贡赋，如果没有，就得把自己的儿女送来顶替。奴隶被押上船卖到秘鲁。

基督徒还以其迄今尚未述及的屠杀和破坏手段摧毁另一王国。这个王国方圆约 100 里格，是世界上最富饶、最肥沃、人口最稠密的地方。上述暴虐成性的小队长曾写道，这个国家比墨西哥王国人口还多。他说的确是实话。他和其同伙从 1524 年到 1540 年这十五六年间，共屠杀四五百万人口，剩下的，现在仍在惨遭杀戮或忍受各种各样的摧残，看来，此种暴行将仍无休止地继续下去。

这个小队长还有一种狠毒手段，就是每去一个村庄或省区抢劫时，总是带一两万被制服的印第安人，迫使他们打头阵。但从不给他们一口饭吃，而是让他们吞食被俘同胞的躯体。因此，军营往往成了可怕的人肉屠宰场。不少孩子被杀后，给烤熟吃掉。至于杀死的大人，则仅剁下他们的手脚，因为据说那是最好吃的部位。听到这些惨无人道的暴行，连其它地方的印第安人也都吓得魂不附体。

为了造船，西班牙人也折磨死数不清的人。他们迫使印第安人把若干个重达三四担①的船锚扛在肩上，从北海运到30里格外的南海，同时，还把很多火炮也压在他们赤裸的肩膀上。我亲眼看见很多印第安人，肩负火炮步履艰难地在路上行走。暴徒们强使印第安夫妇分离，夺走男人的妻女，送给西班牙船员和士兵供他们带在船上淫乐。他们还常常把年轻的印第安男子满满地装在船上运走卖掉。这些人后来全都因饥渴死于路上。假如把暴徒们的全部罪行叙述出来，那真能写出一部卷帙浩繁的惊世之作。

那个小队长把众多船只编成两支船队，这两支船队如同自天而降的大火，把大片良田变成焦土。

啊！他抢走多少印第安男人的妻女，夺走多少印第安女人的丈夫！他制造了多少淫乱和暴力行为！他使多少人失去自由！使多少人遭受灾难和痛苦！他使多少人哭泣哀叹，痛苦呻吟！他使多少人忍受生活的孤独！他把多少人打进地狱！不仅无数印第安

① 古西班牙量度单位，一担相当于46公斤。——译者

人被打入地狱，就连他，这个因凶狠地凌辱印第安人而犯下弥天大罪，并在其同伙的可憎暴行中牟取暴利的可怜的基督徒自己，也定被判入地狱。上帝保佑，饶恕他吧，愿他对上帝最后的判决感到满意吧！

新西班牙、帕努科和哈利斯科的毁灭

在新西班牙和帕努科[①]的印第安人遭受到已述的摧残和杀戮后，1525 年，另一个冷酷无情、残忍暴虐的队长也来到帕努科省。此人同样干尽坏事，用与其他暴徒同样的手段，把大量的自由民打上烙印，变成奴隶，然后装上船运往古巴和西班牙岛，因为在那里奴隶能卖好价钱。这样，他终于把整个省区全部毁掉。在那里竟发生过这样的事情：要 80 名印第安人——这种有理智的生灵——才能换得 1 匹马。后来，这个队长来到新西班牙，他作为检审长，其他暴徒作为检审官统治了墨西哥城和整个新西班牙地区，这群歹徒犯下了大量令人难以置信的罪行，他们穷凶极恶地掳掠印第安人，致使那片土地上的人口几乎濒临灭绝。如果不是上帝派来方济各会教士、不久国王又重新派来大慈大悲的皇家检审庭出面干涉，不出二年，他们定会把新西班牙糟蹋成西班牙岛那样。

一次，那个队长的一个同伙，驱使 8000 名印第安人为其修墙，围起一个大果园，但他分文不出，连饭都不给，结果 8000 人一下子全都饿死了。而队长对此事竟无动于衷。

① 位于现今墨西哥塔毛利帕斯省一带。——译者

当这个毁灭了整个帕努科省的队长得知皇家检审庭来人时，他决定躲开他们去内地冒险，再次打家劫舍，杀人越货。他用暴力从墨西哥省抓走15000到20000名壮丁给他驮运货物，后来只有200人得以生还，其他人全部倒毙途中。队长来到离墨西哥城40里格的米却肯，那地方与墨西哥一样富饶，人口同样稠密。国王和头人以及无数百姓像迎圣一样欢迎他们，真心实意地为他们效劳，向他们馈赠无数礼品。几天后，队长却把国王抓起来，原因仅仅是他拥有大量金银。为逼迫国王交出所有财宝，这个暴徒便对他施以酷刑，把他双脚铸上木枷，把身体压在地上，双手绑在木桩上，在脚下放一火盒，一个青年用浸油的牛膝草不时在其双脚上涂油，使其皮肉烤得焦黄。国王旁边还有一个暴徒手执弓弩，对着他的心脏，另一边，一个人牵着一条恶狗，伺机而动，一有动静，就能在一瞬间把他撕碎。为逼交财宝，他们竟如此凶残！直到一个方济各会教士得知此事，才把国王从暴徒手中解救出来，但他终因伤势过重而死亡。事后，那个队长又对很多其他头人和酋长施以同样暴行，杀死很多人，而这样做仅仅是为了得到更多的金银而已。

有一个残暴的督察员，经常出入集市和街道，他不是调查当地人口状况，而是为了抢劫印第安人的东西。他发现一些印第安人还藏有其崇拜的偶像——这是由于阴险的西班牙人从没告诉过他们世上还有一个真正的上帝——于是，他便把当地头人抓起来，强迫他把偶像交出来，他原以为这些偶像都是金银做的，正是为了金银，他才如此残酷凶恶地惩治印第安人。无奈偶像并非金银所铸，为了最终达到掠夺的目的，他强迫各地酋长购买他得来的偶像，强迫印第安人把偶像当做上帝顶礼膜拜，酋长们只好倾家荡产买下他的偶像。上述种种事实就是这些邪恶的西班牙人在西印度所立下的“丰功伟绩”和为他人所树立的“榜样”，他们竟还向上帝祈祷，以此为荣！

后来那个大暴徒——米却肯的队长又来到哈利斯科省区[①]。哈利斯科原来也像蜂巢里的蜜蜂，住满了幸福的居民，因为那里本来就是令人羡慕的、富饶美丽的西印度的一部分。该地有个村庄，方圆 7 里格，村里人丁兴旺，人民幸福。西班牙人来到时，头人和百姓像其它地方的人一样，带着礼品出来迎接。但是这些贪婪的歹徒，为了获得被他们奉为上帝的东西——黄金，也像往常一样心狠手辣，为所欲为，犯下无数罪行。这个队长烧毁了村庄，逮捕了酋长，对他进行百般折磨。他还把抓来的其他人戴上锁链，变成奴隶，运走卖掉。就连产妇也被逼着为凶恶的基督徒搬运货物，繁重的劳动和羸弱的身体使她们无法养活自己的婴儿，只好把他们弃之路边，无数的孩子就这样离开了人世。

一次，一个歹徒捉到一个姑娘，企图对她施以非礼，姑娘的母亲扑过去想夺回女儿，那个歹徒便拔出匕首（也许是剑）砍掉母亲的一只手。姑娘竭力反抗，宁死不从，那个歹徒便用匕首刺进她的胸膛。

当着众人的面，那个队长就令人给 4500 名应享自由的印第安人，包括妇女和儿童打上烙印，变成奴隶，其中还有尚在吃奶的婴儿，也有两三岁、四五岁的幼儿，尽管这里的百姓都曾真诚地欢迎过西班牙人的到来。暴徒们还犯下其它诸多罪行，这里不再一一

① 位于现今墨西哥西南一带。——译者

赘述。

那个队长在他发动的血腥战争结束后，便像所有残暴的基督徒在西印度所作所为一样，把当地居民全都置于悲惨的奴役地位，这是一种持久性的灾难。他纵容监工和部下干出了骇人听闻的凶残勾当，无休止地折磨印第安人，以榨取他们的黄金和贡品。他手下的一个监工，把很多印第安人掐死、烧死或让狗咬死，还砍掉很多印第安人的双手和头颅，割掉他们的舌头。这样做，仅仅是为了恫吓印第安人，威逼他们交出黄金和贡品。至于此人用棍棒、皮鞭、拳头等毒打印第安人的事例更是不计其数。须知，所有这些暴行都是当着那个队长的面干下的。

据说那个队长毁掉800个村庄，使哈利斯科变成一片瓦砾。他迫使绝望的印第安人逃到山上，举事起义，理所当然地杀死一些西班牙人。但是不久，另一些路过这里前往其它省区进行抢劫——用他们的话，叫做发现——的新暴徒又干下无数伤天害理的勾当和侵略行径，使得印第安人再次聚义，在山中筑垒固守。西班牙人在山上，又犯下新的暴行，杀死很多逃难者，歹徒们就这样毁掉了哈利斯科辽阔的土地，使那里人迹渺无。

阴险、无视上帝、蛮横无理的西班牙人根本无法理解印第安人的正义事业：如果他们也有武器，定能在天地神人之法的保护下，消灭所有西班牙人，定能将他们逐出自己的家园。蛮横无理的入侵者并不承认他们对印第安人所犯的无数罪行和所发动的战争是伤天害理、违反法律的，相反，他们却认为，消灭印第安人，对无辜的印第安人所取得的胜利，乃是上帝的旨意。因此，他们认为发动的战争是正义的，所以他们对自己所犯罪行竟扬扬自得，感到光荣，为他们得以滥施暴行感谢上帝，这正如预言家萨卡里亚斯[①]在其著作的第二章，在论及飞扬跋扈的强盗时所写的那样："Pasce pecora ocisionis, que qui occidebant non dolebant sed dicebant: benedictus deus quid divites facti sumus。"[②]

尤卡坦王国的毁灭

1526年，另一个可悲的西班牙人，像其他现在正在为非作歹的暴徒一样，虚伪狡诈，巧言令色，对国王陛下竭尽阿谀奉承之能事，终于窃据了尤卡坦王国[③]总督的职务，达到其步步高升，发财致富的愿望。

辽阔的尤卡坦王国人烟稠密，土地肥沃，各种作物和水果比墨西哥还丰富。那里尤其盛产蜂蜜和蜂蜡，其产量之多超过西印度任何地方。尤卡坦王国方圆300里格，百姓比西印度任何地方的人都更为恭谦，有礼，极少恶习，很少犯罪，完全具备接受上帝教义的条件，在该地本可建造几座西班牙式大城市，使基督徒像生活在人间天堂里一样——如果他们配生活在那里的话。但是，由于西班牙人的贪得无厌、冷酷无情和恣意妄为，事情非如人愿。他们既不配生活在上帝为其展示的西印度其它地区，也不配生活在尤卡坦。

① 古代犹太预言家。——译者

② 拉丁语，"带走我的教民杀掉吧，这样死者将永无痛苦，他们会说：'感谢上帝，你使我们富有。'"——译者

③ 位于墨西哥东部的半岛。——译者

这个歹徒及其300名部下开始对那些善良无辜、在自己家园里安分守己、辛勤劳作的印第安人发起进攻，消灭无数生灵。尤卡坦王国不产黄金——即使产黄金，为了开矿他也会把人活活累死——为了从那些基督为之献身的人身上榨取其它财富，他一次便把所有尚未被杀的百姓全都变成奴隶，用这些奴隶向船队换取食醋、咸肉、衣物、马匹以及这个歹徒及其部下所需要的一切。他让船员从每50到100名女人中随意挑选一个最漂亮的少女，以此向他们索取一阿罗巴的酒、油、醋和咸肉。同样，让船员从100到200名印第安男人中挑走一个健壮强悍的小伙子，以此向他们索取相同的东西。一次，他竟用一个年轻人（可能是头人的儿子），仅换得一块奶酪。还有一次，用100人仅换回一匹马。从1526年到1533年的7年间，这个总督一直在干这种勾当，致使那里土地荒芜，人烟几绝。此人还一直在不断地杀人越货，直到得知秘鲁发现大量财富，他的部下离开了他，他的暴行才不得不收敛了几天。但不久，他的亲信们又回到他身边继续烧杀抢掠，犯下上帝不能饶恕的滔天大罪，直到目前也没有停止，以致在这原来人丁兴旺、方圆300里格的土地上，现在已渺无人迹，满目荒凉。

总督及其部下，在尤卡坦犯下的不可言状的暴行是无法尽述、无法想象的，这里我只叙述在我身边发生的两三件事。

阴险的西班牙人到处搜寻印第安人，唆使猎犬撕咬他们。一次，一个生病的印第安妇女，眼看无法逃脱恶狗的追扑，便取出一条绳子，打算把她一岁的婴儿绑在腿上，然后再行自缢，但为时已晚，她刚要悬梁，恶狗便扑了上去，把孩子撕成碎块。幸亏，死前教士已给她做了洗礼。

在一批西班牙人离开尤卡坦王国前，一个暴徒命令某村（或某省区）头人的儿子一同随往，头人的儿子表示无意离开故乡，西班牙人说，你一定得走，不然就割下你的耳朵。小伙子仍不肯走，暴徒取出匕首，果真割下他的一只耳朵，接着，又割下另一只。小伙子仍然不走，那个恶徒又把他的鼻子割下来，他一边施暴，一边不断嬉笑，好像他只不过揪下小伙子的几根头发而已。

这个恬不知耻的恶棍还在受人尊敬的教士面前自我夸耀，说他尽一切可能使更多印第安妇女受孕，因为把怀孕的妇女当奴隶卖掉，能赚大钱。

一天，在尤卡坦王国，也许在新西班牙的某省区，一个西班牙人带着几条恶狗围猎兔子和野鹿，结果一无所获。他认为他的狗饿了，便顺手从一个印第安母亲怀中夺走她的孩子，取出匕首把孩子双腿、双肩一块一块割下来分给他的狗吃，当这些狗吃完应得的一份后，他便将孩子的躯体部分扔在地上，任群狗争食。请看看吧，西班牙人在那片土地上都干了些什么！看看吧，他们居心何其歹毒！看看他们如何卑鄙地背叛了我们的上帝，如何对待那些按上帝的形象被创造出来，又用上帝的血而获得生命的印第安人的吧！最糟糕的事情还在后头。

在尤卡坦王国，那些所谓的基督徒所犯下的罪行是有理智的人难以想象的。我仅举一例，从中可窥全豹：总督手下所有凶残暴徒被秘鲁财富所吸引，都纷纷离开他前去该地打家劫舍。趁此机会，哈克沃神父和他的 4 个方济各会教士来到尤卡坦王国安抚那些在 7 年中，从西班牙人残暴行径和凶残屠杀中幸存下来的人。他们向这些印第安人布道，介绍我们的教义。我想，这些教士大概是1534年去的。临行前，他们曾选派几个墨西哥省区的印第安人做先导，看看他们能否安全进入尤卡坦，并请这几个墨西哥的印第安人告诉当地百姓，世界上只有一个上帝，他是世上真正的主宰。印第安人经多次商讨，了解各方面的情况，例如，那些被称为神父和传教士的都是些什么人，他们来此要做什么，他们与那些干下弥天大罪并使他们蒙受巨大损失的基督徒有什么区别等等。最后，他们同意接纳这些传教士，但只准传教士进去，其他西班牙人一概不准入内。传教士答应了印第安人的要求。新西班牙的副王也表示同意并做出相应的决定：只许传教士入内，不准其他西班牙人前往，并保证不许任何人再做基督徒所做过的有损印第安人的事情。

像往常一样，教士们向当地人宣讲基督福音，以及西班牙国王和王后对他们的厚望。印第安人极为高兴地接受了教义，对教士们的传教活动表示欢迎，也很愉快地倾听有关卡斯蒂利亚国王与王后的情况。（在过去的整整7年间，西班牙征服者们从未向他们宣传过这些事情，只告诉他们唯一的国王就是那个只是一味向他们施以酷刑、暴政、随意摧残他们的总督。）传教士刚到那里40天，头人们便自动交出所有偶像，由教士们亲手焚毁，以后又领来自己的孩子，让传教士开导。他们像爱护自己的眼睛一样爱护传教士，为他们建教堂，修庙宇，造房屋，请他们去其它省区布道，传播上帝和卡斯蒂利亚国王与王后的功德。在传教士的教导下，这里的印第安人做出了一件在西印度从没出现过的事情：各地区共12名或15名头人，每个头人又都和自己的百姓一起，上下一致自愿服从卡斯蒂利亚国王和王后的统治，承认西班牙国王是全世界最高头人，并画了一种符号作为签字。我保留了此物，该地区的传教士都可为此作证。与此相反,摧毁了尤卡坦王国大批村镇的暴徒则有意隐瞒实情,他们向上呈报的情况纯系谎言,不足为信。

正当传教士们凭借信仰,以极兴奋的心情和深切的希望把那个王国的百姓,即那些在死亡和不义之战中幸存下来的,为数尚多的人奉献给上帝之时,不知从什么地方闯来 18 名骑兵和 12 名步兵,共 30 名西班牙暴徒。他们驮来很多从其它省区的印第安人那里抢来的偶像。路上,他们的队长叫来一个头人,命令他把偶像分给当地的印第安人,但每拿走一个要交出一个印第安男人或女人,然后把换来的人变成奴隶卖掉。队长还威胁说,如不照办,就要向他们动武。印第安头人十分恐惧,只好在他的属地把偶像分掉,并令其居民崇拜它们,他让得到偶像者交出子女给西班牙人当奴隶,以此好向西班牙人交差。印第安百姓也十分害怕,只好照办:有一个子女的交一个,有三个的交两个。最后这种亵渎神明的交易总算完成了,这个印第安头人也算满足了那些所谓基督徒的西班牙人的要求。

有一个世俗的残暴强盗名叫胡安·加西亚,在其奄奄一息之时,吩咐侍候他的印第安妇女好好看管,在他的床下保存着的两口袋偶像,禁止她用这些偶像去换母鸡,因为这些东西很值钱,每个偶像都能换回一个奴隶。最后这个万恶的歹徒怀着贪婪之心连同他的遗嘱,离开了这个世界,谁还怀疑他不下地狱呢?

请想一想,西印度的基督徒们是如何滥用基督精神及其榜样的吧!他们居然还向上帝祈求什么荣誉!请想一想,为所谓的引导印第安人了解和崇拜上帝,他们都干了些什么勾当!请想一想,为使神圣信仰播下种子,开花结果,他们又是如何关照那些印第安生灵的吧！请评一评，他们的罪孽是否真比做出两个金牛犊叫人崇拜，从而“qui peccare facit Israel”[1]的耶罗波安[2]轻一些？或者说是否和犹大的罪行一样，抑或更为严重？出于对黄金的贪得无厌，至今络绎不绝前往西印度的西班牙人仍在无数次地制造他们的“杰作”！他们出卖了基督，摒弃了基督，背叛了基督！

印第安人认为传教士向他们许下的西班牙人不进该省区的诺言只是欺人之谈，又看到西班牙人带来了其它地区的偶像硬向他们兜售，而他们为了崇拜真正的上帝却把自己的上帝偶像交给传教士烧掉，于是引起整个地区印第安人的骚动，他们对神父十分气愤，见到神父便问：“为什么欺骗我们？你们不是答应过不准基督徒进来吗？你们为什么烧了我们的上帝，却让基督徒来这里兜售从其它地方带来的上帝？难道我们的上帝不如他们的好？”传教士们努力平息印第安人的不满，却无法回答他们的问题。于是，传教士找到那30名西班牙人，谴责他们给这一地区造成损失，要求他们离开。这些人非但赖着不走，反而倒打一耙，对印第安人撒谎说，他们的所作所为全系神父指使。恶毒的中伤居然奏了效，不明真相的印第安人决定杀死神父。幸亏几个印第安人把消息透露给传教士，当晚，他们便撤走了。事后，印第安人醒悟过来，知道神父是无辜的，其品质是无可厚非的，就派使者到50里格外的地方找他们，为其造成的骚乱向他们赔礼道歉，并请他们再回去。传教士

---

① 拉丁语，“叫以色列人陷在罪里。”出自《圣经·列王纪上》。——译者

② 以色列的第一代王，他为阻挠以色列人民去耶路撒冷向上帝献祭，特制两个金牛犊，宣称这就是以色列人的神，能引导以色列人离开埃及，以色列人信了他的话，从而犯了罪。——译者

们——他们是上帝的奴仆，十分热爱印第安人——相信他们的话，又回到尤卡坦。这些传教士像天使一般受到欢迎，得到印第安人无微不至地关怀。他们又在那里待了四五个月。

入侵的基督徒仍赖在那里不走，连副王相劝也置之不理，最后有人甚至威胁说，再不走就意味着反叛，他们还是不理睬，因为他们明白，尤卡坦离新西班牙权力中心甚远，谁都对他们无可奈何。这些家伙继续无休止地对印第安人进行司空见惯的欺凌和伤害。传教士认为他们的暴行迟早会激怒印第安人，而愤怒很可能会累及他们自身，尤其看到他们已无法顺利地向印第安人传教，遂决定在印第安人发动强大攻势之前撤离尤卡坦王国。结果，那里失去了教理的光辉，而印第安人在最需要教理的时候失去了上帝的佑助和教义的浇灌，他们原本如饥似渴地学习教义，然而这时，就像枯萎的小苗一般，又回到无知和贫穷之中。这些都是罪恶滔天的西班牙人造成的。

圣玛尔塔省区的毁灭

圣玛尔塔[①]地区的印第安人富有黄金，因为那里有很多金矿，不少地区还有冶金作坊。因此，从1498年到现在的1542年，西班牙人蜂拥而至。仅仅为了攫取黄金，他们便打家劫舍滥杀无辜，然后再乘经常往返此间的船只扬长而去。如此反复多次，每次都给印第安人造成巨大的灾难。他们到处肆虐屠杀，干下无数令人发

① 位于现今哥伦比亚沿海地带。——译者

指的罪行。但是,1523 年以前,这些罪行还只局限于沿海地带或深入内地仅几里格的地方。由于圣玛尔塔十分富饶,1523 年,西班牙暴徒索性在那里建立基地,长期定居,有好几个队长陆续来到那里打劫,且一个比一个更残忍,手段一个比一个更狠毒,似乎做坏事就是他们的本职。由此看来,我们上面说的规律是千真万确的。①

1529 年一个声名狼藉的暴徒带领众多西班牙人闯入圣玛尔塔省区。此人从不顾及上帝的惩罚,也无一丝同情怜悯之心,一到该区就开始进行空前的破坏,到处烧杀抢掠,六七年间他和其部下掠夺了大量财富。幸亏他从自家住宅出来在路上,连忏悔都没做就猝然倒地,一命呜呼。

不久,又来了一批刽子手,他们仍是一伙打家劫舍之徒,刚一到,就屠杀那些从以前暴徒手中和剑下死里逃生的印第安人。他们还深入内地很远的地方,夷毁很多大省区,以上述各种手段屠杀百姓,凡幸免于难者均变成奴隶。他们折磨当地头人和百姓,逼他们说出黄金藏在什么地方,以及哪些村庄还有黄金。在烧杀抢掠方面,他们无论在数量或是程度上都大大超过前人,以致从 1529 年到现在他们把那方圆 400 里格土地上的居民全部杀光。致使人丁兴旺的省区,目前已渺无一人。

我敢断言,倘若专事叙述西班牙人违背上帝、国王和人民的意志,在圣玛尔塔各王国所进行的血腥屠杀、种族灭绝、破城毁地等伤天害理的弥天大罪,我能写出一部卷帙浩繁的历史巨著,但此事

---

① 见本书第 15 页。

还是留待适当的时候再说吧——如果将来上帝赐我以时间的话。为说明问题，我想引用玛尔塔省区的主教在给国王，我们的主宰的呈文中所说的一些话。此文呈递的日期是1541年5月20日，文中说道："神圣的恺撒[①]，拯救这块土地的办法乃是陛下使她摆脱继父的淫威，赐她以与之相配的，并待之以礼的夫婿。这样做并不难，否则占有她的暴徒会使她忧郁、憔悴。我敢肯定，要不了多久，她就会失去原有的姿容……"云云，接着他又说：

"陛下明察，为减轻吝国之痛苦，撤掉此地之统治者是全然必要的。否则，臣以为，弊端将永无根治之日。陛下，此地根本没有基督徒，有的只是魔鬼，根本没有上帝和国王之忠仆，有的只是违反法律和忤逆国王意志的叛徒。实际上，臣在把好战的印第安人变为和平的印第安人，向和平的印第安人传播吾等信仰的活动中所遇到的最大障碍就是基督徒的残酷暴行。印第安人在遭到虐待后变得十分冷峻，警觉，对他们来说，无任何东西比基督徒这一名称更令人愤慨和厌恶的了。此处印第安人把基督徒称作亚莱斯，即恶魔之意。无疑，此等称呼确实不无道理，因为西班牙人之所作所为既不像基督徒，亦不像有理智的生灵，千真万确像个魔鬼。一直受到鄙视和冷酷对待的印第安人，相信基督徒之行为是有其法律依据的，所以彼等将此一切归咎于上帝和国王，要想改变其想法，不啻企图淘干大海之水，等于给彼等提供笑料，等于对上帝及其戒规的嘲弄和侮辱。

① 这里指西班牙国王。——译者

看到西班牙人如此对待和平的印第安人，好战的印第安人则宁愿猝然倒地，痛快地战死沙场，也不愿落在西班牙人手中慢慢忍受煎熬而死。这是臣经多年观察而发觉之理，吾常胜的恺撒。”

在另一章中，他又写道：

“陛下，那里有比您想象多得多的‘忠仆’，因为所有士兵都竟敢公然表示，彼等进行讨伐、掠夺和烧杀陛下的百姓，逼其交出黄金，全然为了贡奉陛下。彼等是在为陛下贡献一笔财产的幌子下进行大肆烧杀抢掠的。虔奉基督的恺撒，您最好狠狠惩治他们几个，叫他们明白，倘若他们触怒上帝，您是绝不会接受他们效忠的。”

以上是圣玛尔塔主教的原话，从中可以清楚看到，目前，西印度的西班牙人对无辜的百姓都干了些什么！

所谓好战的印第安人，系指那些已经逃脱或正在设法逃脱西班牙人的屠杀而躲进深山老林的人。和平的印第安人，系指那些在无数人死亡后，被置于上述残暴可怕地位的幸存者。实际上，印第安人所受之罪，主教所述也不过一鳞半爪而已。

在圣玛尔塔，印第安人经常背负重载在山间蹒跚而行，此时，如有人因疲劳虚弱而昏倒，西班牙人就对其棒打脚踢，用剑柄敲掉其牙齿，逼其站起来挣扎着继续前进。此时往往听到印第安人叫道：“啊！你们这些坏蛋！我不行了，你们就在这里把我杀掉吧，我就死在这里了。”一边说，一边叹气，收紧胸膛，显得十分痛苦。

啊！谁能道出无辜百姓在可悲的西班牙人手里所受痛苦和灾难的百分之一！愿上帝指点那些应该并能够消除灾难的人吧。

卡塔赫纳省区的毁灭

卡塔赫纳省区[1]距圣玛尔塔西南 50 里格，与塞努省接壤，它拥有 100 里格左右的乌拉瓦湾，该省向南一直深入内地。从 1498 年或 1499 年，到现在，与圣玛尔塔一样也遭到了骚扰、屠杀、摧残和种族灭绝的灾难。西班牙人在那里干尽杀戮、抢劫等令人发指的暴行。为了叙述目前西班牙人在其它地区所犯下的暴行，我想尽快结束这一章，不复赘述。

珍珠海岸、帕里亚海岸和特立尼达岛的毁灭

西班牙人对帕里亚海岸[2]以西到委内瑞拉湾以东共约 200 里格土地上的印第安人进行了丧心病狂的摧残，袭击那里的居民，想方设法捕捉他们，再把他们变成奴隶远卖他乡。

西班牙人常常佯装友善的样子麻痹百姓，待他们放松警戒时，就突然下手到处搜捕，而印第安人仍像对待亲人那样，把他们接到自己家中，倍加款待，献出自己的一切。

西班牙人从 1510 年至今，一直在沿海一带胡作非为，凌辱戕害当地居民，干下无数丧尽天良的勾当。其罪行真是罄竹难书。

---

① 在现今哥伦比亚博利瓦尔省一带。——译者

② 指现今位于委内瑞拉帕里亚湾所在的海岸。——译者

这里，为说明他们每件罪行都应受到血火的惩罚，我只叙述二三件事，由此可窥其全部罪行于一斑：

特立尼达这个比西西里岛还辽阔富饶的岛屿南端隔帕里亚湾狭长水域与大陆相望，岛上居民与西印度其它地区百姓一样，品德高尚、心地善良。1516 年，一个暴徒带领六七十名惯匪登上该岛，向印第安人宣布要在岛上定居下来，同他们一起生活。印第安人像对待亲人一样欢迎他们，头人和百姓极其亲切、热情地照料他们，每天供给他们比其饭量多出一倍的食物——所有新大陆的印第安人都天性慷慨，总是毫无保留地，超量供给西班牙人所需的一切。

按西班牙人的要求，印第安人给他们修建一间能容他们所有人的大木屋，而且只建一间，不能再多，以便他们能在屋内一起策划阴谋。当房子盖到 2 埃斯塔多[①]时，才准在梁上铺草，目的是叫屋外的人看不见屋内的人。西班牙人借口尽快结束建房，把很多人叫进屋里。他们自己分成两队，一队在屋外走廊上，手执武器，不让屋内人出来。另一队在屋里，手执利剑威胁赤裸的印第安人，不让他们动弹，否则就把他们杀死。转瞬间，歹徒们把印第安人一一捆绑起来。一些印第安人见状不妙跳起来企图逃跑，西班牙人遂用利剑把他们砍得粉身碎骨。逃出来的人很多都受了伤。没受伤的和没进屋的共一二百人，手执弓弩，聚集在村子的另一间屋里，守在门口进行自卫。西班牙人赶来后将房子付之一炬，屋里的印第安人全被活活烧死。后来，西班牙人把被捆绑的大约 180 名

① 1 埃斯塔多相当于 2.15 米。——译者

到 200 名俘虏押到船上，扬帆向圣胡安岛驶去，在那里卖掉一半，接着又驶向西班牙岛，把剩下的一半也卖掉。

在圣胡安岛我曾当面斥责那个队长明目张胆的背信弃义行为和残暴的勾当，但他却对我说："算了吧，先生，这是派我来的人吩咐我这样干的，他对我说过，如不能通过战争捕捉印第安人，就得使计谋。"他确实曾对我说过，印第安人对他十分友好，他一生中，只有在特立尼达岛才遇到了亲人，这是他由衷的自白，也足以证明他罪孽的深重。

西班牙人在大陆上干惯了上述罪行，每次都轻而易举地掳获大量印第安人。请想想，这是什么行为啊！他们这样扣押印第安人并作为奴隶卖掉，这公正吗？

另一次，几个多明我会教士决定前往因缺乏教理的光辉和感化而不能拯救自己灵魂的印第安人中——现在，西印度的印第安人依然如故——布道，以改变其信仰。他们先派两名教士，一名是神学院的毕业生，他善良而圣洁，另一名是个普通教士，让他们先去探路并和居民接触一下，另外再找一块适于建造修道院的地方。两人到达后，印第安人像对待天使一样欢迎他们。他俩不懂当地语言，只好频做手势，设法让印第安人理解他们的意愿。印第安人十分亲切兴奋地注视他们，揣摩他们的思想。这时，一条大船开来——在此之前，另一条船也曾来过此地，并留下一些西班牙人后又开走了。——大船一到，留下的西班牙人马上露出了狰狞面目，背着两名教士，用欺骗手段把当地头人找来。头人叫阿隆索，这也许是过去的传教士给取的名字，也可能是那些西班牙人给取的——印第安人都渴望有一个基督徒的名字，只要他们提出要求，我们就答应给他们取名，尽管他们对接受洗礼的含义一无所知。这样，他们把头人阿隆索、他的妻子和另一些人骗到船上，还说要为他们开个欢迎会，最后，连头人和他妻子共17人全都骗上船，印第安人认为，有教士在，西班牙人不会对他们使坏，否则就会失去教士对他们的信任。

安顿好船上的人后，背信弃义的恶棍扬起风帆向西班牙岛驶去，在那里把印第安人全部卖掉。获悉头人和他妻子被骗走，全地区的印第安人都行动起来，准备杀掉两名传教士。面对西班牙人的暴行，教士们感到异常痛心。他们宁愿死去，也不愿看到西班牙人如此胡作非为而他们又无能为力加以阻止，尤其看到这将影响印第安人对上帝的信仰时，更是痛不欲生。传教士费尽口舌平息了众怒，答应他们只要有船开来，就给西班牙岛带信，力保头人及部下生还。上帝同意对西班牙人的暴行进行谴责，不久，果真驶来一条船，教士马上给西班牙岛写信，进行呼吁和抗议，但检审官们并不主持正义，因为他们自己也分得了几个用粗暴无理手段掳获的印第安人。两名传教士曾答应印第安人4个月内阿隆索和其他人可返回故乡。现在眼看不仅4个月，就是8个月也无法实现诺言，他们深知危险即将来临，但并不想逃跑，而是决心杀身成仁，把生命献给他们早已为之献身的圣灵[①]。印第安人误以为是两名传教士的策划才出现那桩背信弃义的事件，当他们看到教士答应并保证4个月内实现的事情成了泡影，又鉴于当时，甚至现在他们并不懂得传教士与暴徒、强盗、拦路贼不是同类，于是公正地报了仇，

① 指上帝。——译者

无知地杀死了那两名传教士。两名传教士就这样含冤离开了人间。毫无疑问,根据我们神圣的信仰,他们是真正的殉道者,现在一定正与上帝一起管理着幸福的天堂。只要是奉命前来布道传教,拯救人类灵魂,从事钉在十字架上的基督所赐予的圣职,并为之捐躯的人,都应是真正的殉道者。

还有一次,由于基督徒的野蛮无理和残忍暴虐,印第安人杀死了另外两名多明我会教士和一名方济各会教士。我也是这一事件的受害者,只不过我奇迹般地逃脱了那次杀身之祸。事情异常严重可怕,叙述出来令人毛骨悚然,何况此事说来话长,待适当时候我再详细叙述。此事终会开庭审判,届时事情将会水落石出,上帝定会对那些徒有其名的基督徒因其在西印度所犯的可怕可恶的罪行而予以严厉制裁。

在省区中,有一个叫科德拉的海角,其上有一村庄,头人名叫伊戈罗托,这也许是他的真名,也许是当地头人的职称。他心慈面善,待人真诚,其百姓也与他一样,心地善良。所有乘船到此的西班牙人,都能从这个头人处得到食品和住房,得到充分调养以恢复体力,还能得到精神安慰。很多歹徒在各省区拦路抢劫,犯罪后逃到这里,往往已饿得半死,这位头人便提供条件,让他们将息,然后再把他们送回珍珠岛,因为该岛是基督徒永久性驻地。其实,他本可以悄悄把这些人杀掉,但他从不这样做,因此,基督徒们都把伊戈罗托的村子叫做“大众饭店”。

一次,一群可悲的暴徒决定到村中抢劫,当时,居民均毫无戒备。暴徒们到达后,邀请印第安人去他们的船上,印第安人很信任这些基督徒,于是便和往常一样,很多男女老少都上了船。突然,暴徒们扬起风帆，向圣胡安岛驶去，在那里把他们全部变卖为奴。当时，我正在圣胡安岛，见到了那群暴徒的队长，得知了他的所作所为。他毁掉了伊戈罗托全村，就连在海岸上进行抢劫的西班牙歹徒也为此深感惋惜，对他表示不满，因为他们从此失去了庇护所和食品供应站——他们过去在村里就像在自己家里一样自在，现在不行了。

我说过，我不再历数基督徒在那片土地上以各种手段所犯的和正在犯的罪行和其它令人齿寒的勾当了。

西班牙人在那人烟稠密的海岸地区，共掳获了200多万印第安人，不久，全部运到西班牙岛和圣胡安岛，强迫他们采矿或从事其它劳役，这些人后来全被活活累死。这个数字还不算上述两个岛上原有的居民。看到如此富饶的海岸现在变得这般凄凉荒芜，人迹杳然，真令人痛心疾首，肠断心碎。

除在陆地上进行逮捕时成批印第安人惨遭杀害以外，经过调查，事实说明，在运送奴隶的途中，每条船上都有印第安人死亡，死后尸体抛入大海。西班牙人为了达到其发财的目的，需要榨取大批奴隶劳动，以获得大量金钱，因此，那些被称作船主的暴徒为了尽量减少破费，仅在船上装载很少一点食物和饮水，这点东西只勉强够乘船前去掠夺的西班牙人食用，于是可怜的印第安人就只好挨饿了，处理大批因饥饿而死亡的印第安人唯一办法是将其尸体抛进大海。一个西班牙人确实对我说过，从被烧杀抢掠过的卢卡约群岛到西班牙岛共六七十里格的海面上，一只船不必借助罗盘和海图，只靠从船上抛下的印第安人尸体即可导航。到达目的地后，活下来的人被赶下船。任何稍有天良的人，看到这群赤裸的男女老少饿昏在地，定会备感痛心。稍后，西班牙人就像对羊群一样，把他们中的父子、夫妻分开，10 人或 20 人一组分别处理。那些合伙装备一二艘船的可怜船主们，以及那些去印第安人家中亲自进行抢劫的凶手，用抽签的方法带走他们得到的那部分印第安人。如果在其得到的一群人中有老人或病人，他们就会说："让这个老头见鬼去吧，给我这种人做什么？难道要我给他送终吗？这个病鬼，留他有什么用？还要我给他治病吗？"西班牙人竟如此对待印第安人，试问他们难道是在恪守法律，遵守预言家倡导的博爱原则和圣训的吗？

在采集珍珠方面，西班牙人对印第安人所犯的罪行也十分严重，是世上永遭谴责的暴行之一。在本世纪，没有哪种悲惨痛苦、令人绝望的生活能与采珠人相比，尽管淘金人的生活也十分严酷和悲惨。

西班牙人把采珠人推进 3 至 5 㖊[①]深的海里。从早到晚逼他们在水中游来游去，不给一点歇息时间，当小网里的珠蚌满了，他们才能钻出水面，借举起小网之机喘口气。这时，海上总有一个西班牙刽子手坐在独木舟或其它小船上监视。如果印第安人露出水面时间稍长，定遭拳打脚踢，或揪着头发，按下水去，强迫他们接着干。

采珠人用以果腹的食物是取出珍珠后剩下的蚌肉，以及面包、木薯粉饼和各种玉米食品——玉米是该地区的主食。这些东西不是没有营养就是做起来太费事。因此，他们从没吃饱过一次。晚

① 1 西班牙㖊相当于 1.6718 米。——译者

上，为防止逃跑，西班牙人把他们推翻在地，再套上枷锁。采珠时很多次，印第安人潜入海底，再也没能上来，鲨鱼或马拉赫鱼，这两种凶残的水中畜牲把他们活吞了。贪婪嗜血的西班牙人把印第安人置于灵肉均灭的灾难之中，因为他们临死尚未皈依天主教，也没在教士面前受过洗礼。在珍珠采集场，西班牙人就是这样执行爱上帝和博爱的训诫的！

西班牙人迫使印第安人过着如此可怕的生活，以致他们活不了几天就会丧命。因为人类在水下活动又无喘息机会，尤其是连续长时间在冷水中浸泡，得不到休息，胸部受到挤压，过不了多久就会口吐鲜血而毙命。水中的辛劳使印第安人天生的黑发变得像海狼一样焦黄，背上能刮下盐碱来，他们简直成了似人非人的鬼怪。

西班牙人来到采珠场后，强迫卢卡约人从事此等非人劳动，不久，各岛居民全部累死。这之前，由于卢卡约人各个都是游泳能手，因此西班牙人便公开对他们进行买卖，——尽管这一不义之举他们自己的法律是禁止的。当时一个青年值 50 到 100 卡斯特诺。

在采珠场上还死去无数其它地区的印第安人。

尤亚帕里河地区的毁灭

一条叫尤亚帕里的河流①流经帕里亚省区。此河源自距该省区 200 里格的高地。1529 年，一个可悲的基督徒沿河上溯深入腹

① 即现今委内瑞拉的奥里诺科河。——译者

地，进行大规模的屠杀。他烧死、刺死无数循规蹈矩、安分守己、在自己家园辛勤劳作的无辜者，夷平诸多城镇，制造了极为阴森恐怖的气氛。结果他本人也没落得好下场：他的船队沉入海底，他本人也随之葬身鱼腹。过后，该地又来了另一些暴徒，也干出同样卑劣残忍的勾当。至今，他们仍在抢劫、虐待和骚扰那些上帝的儿女，那些上帝之子以其鲜血为之超度的人们。

委内瑞拉王国的毁灭

1526 年，西班牙国王，我们的君主受到别有用心之徒的蒙蔽和挑唆，在人们向他隐瞒西印度各地所蒙受的破坏，以及上帝和人民所受损失的情况下，通过签订某些协定、协议和条约，把一个比整个西班牙还大得多的王国——委内瑞拉，从管辖权到司法权一起转让给一些德国商人。这些商人带领 300 多人到达后，证实当地百姓都如羔羊一样驯服。这里人口像西印度其它地区在遭到毁灭前一样众多，甚至更多。德国商人在那里对印第安人也同样犯下了严重罪行。我认为这些暴徒比我们前面叙述的暴徒更有过之而无不及，比凶残的豺狼虎豹还狠毒，更无理智。他们把对上帝和国王的敬畏以及人类的羞耻之心弃之如敝屣，甚至连自己的生命亦置之度外，利用手中的司法权，以比前人更加迫不及待的嗜财贪婪之心，以极其狡诈的手段，丧心病狂地掠夺印第安人的金银财宝。这些披着人皮的魔鬼毁掉了方圆 400 里格极为富庶的土地和一个方圆 40 里格令人赞不绝口的谷地，还夷平诸多人口稠密富有黄金的各大村镇。委内瑞拉土地上的百姓皆被杀光，各部族皆被

灭绝，如果不是有人躲进山洞和内地，逃脱了刽子手们的迫害，各部族的语言也会随之消失。他们挖空心思，发明各种各样惨不忍睹的暴虐手段，屠杀了四五百万无辜的印第安人，使他们悲惨地堕入地狱。目前，这些德国人还仍在这样干。在他们犯下的和正在犯的无数伤天害理的暴行中，我只想举出三四个实例用以概括那些歹徒们所进行的残暴破坏和灭绝人种的行径。

仅仅为了掠夺黄金，德国人便把委内瑞拉一个省区最大的头人捉去施以酷刑，后来这个头人逃出来，躲进山里。此事引起省区全体百姓的惊惶，也都纷纷逃进深山老林，德国人开进深山进行搜捕，逢人便杀，死里逃生者统统当做奴隶公开拍卖。

在德国人去捉那个头人之前，他们每到一处，印第安人总是载歌载舞地欢迎他们，向他们赠送大量黄金礼品，而这些德国暴徒们却恩将仇报，不断制造恐怖，用剑把无数印第安人刺死，剁成碎块。

一次，印第安人像以前一样欢迎他们，那个残暴的德国队长把欢迎的百姓逼进一个茅屋，顷刻间，将他们全都剁成碎块。有几个人爬到屋顶的房梁上，躲避这些匪徒，或者说，躲避这些残暴的畜牲。这时，恣睢狠毒的德国队长吩咐放火焚烧房子，致使屋里人全被活活烧死。村里的幸存者全都逃进山里。类似情况屡有发生，大批村镇因此荒无人烟。

暴徒们来到一个与圣玛尔塔接壤的大省区，此时，印第安人正在自己的家园劳作，毫无戒备。暴徒们集中在一个印第安人村中生活了很长时间，白吃白喝，分文不付。印第安人仍精心伺候，希望他们能拯救自己的灵魂。为此，对他们那令人厌烦的、无休止的欺辱忍气吞声。一个西班牙饭桶[①]一天的食耗比印第安人十口之家一个月的食耗都大。村里百姓自动向他们交出很多黄金，还为他们无偿建造房屋。最后，当暴徒们离开该地之前，竟决定如此支付“房租”：那个凶狠的德国总督——我认为他必是异教徒，因为他自己从不做弥撒，也不叫别人做，此外，还有其他很多路德派[②]教徒的特点——吩咐把全体印第安人及其妻子儿女抓起来扔进一个专门修建的大畜栏里，或者说用木棍围成的圈子里，并告诉被捕者，要想获得自由，必须以黄金赎身，他分别定了赎本人、妻子及每个儿子的赎金。更有甚者，他在逼迫印第安人赎身期间，从不给饭吃。印第安人叫别人去自己家中取回黄金，竭尽财力赎身，获释后便回地里干活或回家吃饭，那个暴徒又派一些西班牙强盗[③]，把已赎身的可怜的印第安人再抓起来，带进畜栏，不给吃喝，百般折磨，直到他们再次以黄金赎身。很多人都多次赎身，多次被抓。不少人由于黄金交光，无法再次赎身，只好听任强盗把自己关在畜栏里受罪，直到饿死。这一行径使得这个方圆 40 里格原本人丁兴旺、盛产黄金的省区现在变得一片荒芜，人烟罕见。在一个谷地，这个德国总督还烧毁了一个拥有一千多间房屋的大村庄。

这个残忍凶狠的暴徒后来决定去内地，然后再由那里去秘鲁王国以满足自己贪得无厌的欲望。在这一不幸的征途中，他和同伙带走大批印第安人，强迫他们背负三四阿罗巴重的东西，并用索

① 原文如此，疑为“一个德国饭桶”之误。——译者

② 路德派为以十六世纪德国宗教改革家马丁·路德的宗教思想而成立的基督教新教宗派之一。——译者

③ 原文如此，疑是“德国强盗”之误。——译者

链把所有人拴在一起。路上，如有人因极度劳累，或因饥饿虚弱而昏倒，他们便从索链轭口处把他的头砍掉，以便其他人可以继续前进，而无需全队人停下来卸掉此人颈上的索链。砍下的人头落在一边，身体倒向另一边，令人惨不忍睹。暴徒们把被害人身上的货物放在其他人身上，继续赶路。一路上，这个德国总督所摧毁的省区，所焚烧的城镇——那里的房屋都是用草修建的，极易燃烧，所杀死的人，以及他犯下的其它惨无人道的罪行，真是数不胜数，难以想象，听了让人毛骨悚然，然而这一切又都是铁的事实。

后来，又有一些暴徒，同样从委内瑞拉沿同一条路（或经圣玛尔塔）前往秘鲁。他们全都怀着发现秘鲁黄金圣屋的“神圣”愿望。看到原来人丁兴旺、美丽富饶的方圆二三百里格的土地现在已成为一片焦土，凄惨荒凉，渺无人迹，连暴徒自己都感到震惊和恐惧，尽管他们全都蛮横、残暴、冷酷无情。

所有上述罪行，都有很多证人，也被印度等地事务委员会的检察官所证实。证据保存在印度等地事务委员会那里。相反，印第安人从未烧死过一个穷凶极恶的暴徒。

如果把已证实了的罪行与他们那些人实际所犯的罪行相比，前者无疑会显得微乎其微，因为直到现在仍在西印度的法官们由于昏聩无能，根本不想，也无能力把暴徒们过去和现在的罪行调查清楚。他们仅仅说，由于某个人的残忍行为致使国王损失几千卡斯特诺的黄金云云。其实这点区区小事，稍加查问就会水落石出。他们从不下去调查，也根本不想去调查，要是他们对上帝和国王负责的话，只要稍加追究，他们会很容易地发现，上述那群德国暴徒从国王那里实际掠走300万卡斯特诺的黄金,因为暴徒把这个方圆400里格的委内瑞拉各省区破坏得最厉害,人口杀得最多,财宝也抢得最多,而原来那里却是一个繁荣昌盛,黄金最多的王国,也是世界人口最多的地方。由于上帝与国王的凶残敌人的破坏,使得西班牙国王与王后在16年间又另外失掉了200万卡斯特诺黄金的捐税。这些损失从现在起到世界末日都是无法弥补的,除非上帝奇迹般使几百万生灵死而复生。上述还仅仅是国王的物质损失,另外不可忽略的是上帝和其宗教同样遭到无法洗刷的耻辱、亵渎和诽谤,由于残忍的畜牲——就是那些德国人——的贪婪行为和无耻勾当还使无数生灵堕入地狱的烈火中永遭折磨。

我想再举一例来结束对他们暴行的叙述:从进入委内瑞拉之时起到现在的16年中,他们派去很多船只,在装满被掳的印第安人后运往圣玛尔塔、西班牙岛、牙买加岛和圣胡安岛,在那里把他们当作奴隶出卖。16年来,他们已经卖掉了100多万人,而1542年的现在,他们仍没有中止这种勾当。

设在西班牙岛的皇家检审庭明明知道此事,却充耳不闻,甚至还企图掩盖暴徒的残忍行为和破坏行径。(这些暴徒是在方圆400里格的委内瑞拉和圣玛尔塔所在地——大陆上活动的,而这一地区正在该皇家检审庭的管辖之内。)

专横贪婪的暴徒们仅仅为了满足其永远无法满足的黄金欲,像其他人在西印度所干的一样,残忍凶狠,疯狂固执地把那些羔羊及其妻小抓来,以极其狠毒的手段,给他们打上国王的烙印,作为奴隶卖掉。

位于大陆的佛罗里达各省区的毁灭

从1510年或1511年,先后有三个暴徒来到佛罗里达各省区进行与其他西班牙人一样的罪恶活动。他们三人为窃得与其本人不相配的地位,在西印度其它地区已犯过罪,他们虐杀印第安人,使其置身于水深火热之中。这三个人后来都没得好下场,全都被砸死在用印第安人血汗建起的房屋里。对他们的暴行,我是目击者。但对他们本人的记忆已彻底在这个世界上消失,仿佛他们从没在这个世界上存在过似的。他们在佛罗里达进行了几次大屠杀,使整个地区动荡不安,以致他们的大名成了无耻和恐怖的代名词。三人屠杀的次数并不多——因为,在还没来得及干更多坏事时,上帝就把他们处死了。——但由于他们在西印度其它地区犯有大量罪行(这些我都了如指掌),上帝早就想惩罚他们了。

最后,第四个暴徒,于1538年,在作了充分准备之后到达佛罗里达。此人三年前突然失踪,至今他也从没露过面。谁也不知其下落,我们只知道,他在佛罗里达干了很多坏事。如果此人仍活着,他和其部下在这三年里,也一定会杀死更多的人,因为此人心狠手辣,阴险狡猾,和其同伙一样曾在很多省区和王国里打家劫舍,是西印度最凶恶的暴徒之一。但是我们更倾向于相信,上帝像对待其他恶棍那样,已把他处死了。在写出上述事件的三四年后,和那个大暴徒一起来的其他暴徒都离开了佛罗里达,而他看来确实永远葬身该地了。从暴徒们的嘴里我们得知,在他活着的时候,主要是他,在他死后,其他丧尽天良的凶手对无辜的、安分守己的印第安人犯下了闻所未闻的暴行。这正好说明了我前面的推测并非虚构。他们的罪行也证明如下的规律是千真万确的,即他们发现并摧毁的土地越多,戕害的人越多,他们背叛上帝和自己同类的罪行就越深重。叙述诸多披着人皮的豺狼所干下的令人恐惧、憎恶而又血腥的暴行已使我感到疲乏,所以我再谈几件事后便不再赘述了。

西班牙人来到几个大村庄,那里居民个个身强力壮,理智健全,头脑清晰,彬彬有礼,奉公守法。为了在村民中制造恐怖,他们像往常一样,进行了几次大屠杀,接着就迫使印第安人像牛马一样负重,如同我们前面叙述的情况那样。如果有人因筋疲力竭而昏厥,为了不必卸下其颈上的锁链,暴徒们便从轭口处砍掉他们的头颅,使其身首异地离开队伍。

一次,暴徒们来到一个村子,印第安人兴高采烈地欢迎他们,给他们送去丰富的食物,还派 600 多人帮他们驮运货物,精心照料他们的马匹。暴徒们离开后,一个队长——他是大队长的亲戚——又突然返回来,在人们毫无戒备的情况下,洗劫了整个村庄,用长矛刺死了地方头人和当地国王。此外,他还干下很多其它惨绝人寰的勾当。在另一个大村子里,西班牙人发现,由于他们在其它地方犯下的无耻和可怕的罪行,使该村的印第安人已有所戒备,于是,他们便用剑和矛将男女老少、头人百姓全部杀光,一个不留。那个大队长还派人从另一个村里捉去很多印第安人(也有自愿去的),据说有 200 人之多,这些人一到,队长下令割掉他们的鼻子、嘴唇直到下巴,把人的整个面部都削平,他竟然让这些鲜血淋淋万分痛苦的印第安人把他们这些受过洗礼,接受了神圣天主教教义的人所发明的这一“奇迹”和其它罪行传播出去!请看看,他们算是什么东西！他们对基督还有什么爱戴可言！他们把善良、正义的上帝和他们所信奉的教规与其鼓吹的圣洁宗教都糟蹋成什么样子！

那些堕落的可悲之徒在佛罗里达所犯下的罪行实在太大了，以致他们可悲的队长，还没来得及忏悔便一命呜呼。我相信，如果神圣的上帝不怜悯他，不关照他，而是依据其令人发指的罪行审判的话，他定会被打入地狱。

拉普拉塔河地区的毁灭

从 1522 年或 1523 年，几个队长曾三四次来到拉普拉塔河地区。那里有幅员辽阔的王国和省区。居民身体强壮，理智健全。一般说来，西班牙人也一定会在那里杀人放火的，但由于拉普拉塔河地区远离西印度消息最灵通的地区，因此我们不甚了解那里发生的具体事件，但可以断定，他们一定会干出或正在干其它地区人们所干的勾当，因为他们都是一样的西班牙人，更何况他们中间还有一些人曾在其它地区活动过。他们都像其他暴徒一样，一心巴望成为富有的显赫人物，因此，不可能不像后者那样以邪恶的手段对印第安人进行烧杀抢掠。

在做出上述的推测之后，我们获悉，他们确实摧毁了拉普拉塔河地区的一些大省区和大王国，对那里无辜百姓进行了肆无忌惮的屠杀，犯下了十恶不赦的罪行。因此，他们也像其他同伙一样变得声名狼藉，甚至比他们更加臭名昭著。因为拉普拉塔地区幅员辽阔，又远离西印度中心地区，因此更便于他们肆意妄为，漠视秩序与法律。当然整个西印度也根本就不存在什么秩序与法律。

下面叙述的是记载在印度等地事务委员会案卷中的无数事件中的几件。

一个暴虐的总督派其部下去某印第安村庄讨伐抢劫。行前答应如印第安人拒供吃喝,就可开杀戒。部下们带着这一许诺上了路。印第安人把西班牙人视作大敌,到处藏身,因此无法提供给养,这绝不是他们小气。尽管如此,暴徒们仍用剑杀戮了 5000 人。

还有一次,一些和平的印第安人自愿(也许被召)前来为暴徒服务。或许因为他们来晚了,或许西班牙人想在印第安人中制造恐怖和惊惶,总之总督下令,把来人交给他们的印第安敌人处置。这些和平的印第安人哭喊着、哀求着,说宁可让西班牙人杀死,也不愿落入他们的印第安敌人手中。他们坚持不离开所在房子,于是西班牙人动手把他们剁成碎块。这些印第安人叫道:“我们来此是真心为你们效劳的,而你们却杀我们,我们把鲜血溅在墙上,证明我们是冤枉的,也证明你们是多么残忍。”这一行径实在令人发指,值得深思,更令人感到悲叹!

秘鲁诸大王国和省区的毁灭

1531 年,另一个大暴徒及其部下用与过去所有人相同的借口,怀着相同的目的,来到秘鲁诸王国。(此人是 1510 年后在大陆进行惨无人道的破坏和屠杀的诸暴徒中,犯罪时间最长,手段最毒辣的一个。)他置上帝与信仰于不顾,在屠杀和抢劫,摧毁村庄和灭绝人种方面,比其他人表现得尤为肆无忌惮。秘鲁地区发生的暴行，可以肯定，在进行审判弄清事实之前，无人能说清他的全部罪行。我一再力图揭露被暴徒们隐瞒、歪曲了的事实，说真的，我真不知从何说起。

那个大暴徒刚到秘鲁便杀人放火，穷凶极恶地抢劫当地大量黄金。在秘鲁的一个省区有个名为普纳的秀丽岛屿，岛上人丁兴旺，基督徒到达时，头人和百姓像迎接天使一样欢迎他们到来。6个月后，入侵者吃光了岛上粮食，但他们发现印第安人还藏有为自己和妻小备荒用的口粮，便伸手要抢。印第安人只好流着泪把这些粮食自动交出来，让他们尽情享用。然而，他们所得到的报答却是大批人被入侵者刺死。死里逃生者，又在入侵者的皮鞭下成了奴隶。此外，他们还干下了很多其它惨无人道的暴行，几乎把岛上的百姓全都杀光。

暴徒们来到位于大陆的通巴拉省区肆意烧杀抢掠。由于他们一路制造恐惧和惊惶，当地居民全都闻风而逃，为此他们又反诬印第安人造反，背叛国王。这个暴徒时常使用一个十分狡猾的手段：他对其索要黄金的对象和前来自动奉送金银财宝的印第安人百般威逼，迫使他们交出更多财宝，直到发现他们确已交光，或不肯再交时，便对他们说，接纳他们为西班牙国王与王后的臣民，拥抱他们，还令人击鼓以示庆祝并告诉他们，从此以后再不会捉拿他们，伤害他们了。这样一来，他把自己当时的抢劫罪行以及印第安人在接受国王保护前，他威逼印第安人交纳金银财宝的罪行全部合法化。好像印第安人在接受国王保护之后，暴徒们真的不再压迫、抢劫他们，不再夷平、捣毁他们的村庄和进行其它破坏活动似的。

几天以后，秘鲁全民之王，诸王国的伟大君主阿塔瓦尔帕率领众多赤身裸体的士兵,带着玩具一样的武器——他们不知利剑如何伤人,锐矛如何刺人,马匹如何奔跑,也不知西班牙入侵者全是些即使魔鬼有黄金,也敢向魔鬼袭击、抢劫的暴徒。——来到西班牙人的驻地,叫道:“那些叫什么西班牙的人都跑到哪里去了?快叫他们到我这儿来,他们杀了我的臣民,毁了我的土地,抢了我的财产,再不向我道歉,我就不离开这里。”西班牙人果真来了,而且竟把他带来的士兵一一全部杀掉,最后,还把这位乘辇而来的全民之王也关押起来。随后,暴徒们和他商谈赎身之事。国王答应交出 400 万卡斯特诺的黄金,其实,他一下子就交了 1500 万。这样,西班牙人才口头答应释放他,但并没履行诺言(西班牙人在西印度从来不信守诺言),他们捏造说,他曾命令印第安人聚众闹事。国王答道,的确,在其属地,没有他的命令,连树叶都不敢动一下,如果真有人聚众闹事,他只好承认他确实下过这样的命令。他还说既然他已被监禁,就请赶快把他杀掉。后来,他被判处火刑,有几个西班牙人向队长求情,要求改判绞刑。最后决定把国王绞死后再行烧尸。阿塔瓦尔帕国王得知被判处死刑后,问道:“为什么你们要烧死我?我做了什么错事?你们不是说过,交出黄金后就放我吗?我交的黄金不是比我答应的还多吗?如果你们执意要烧死我,请先送我去见你们的西班牙国王。”他还言辞激昂地谴责入侵者,对他们的胡作非为表示困惑和愤慨。但西班牙人最后还是烧掉了他的尸体。请想一想,他们为发动战争所用的借口是多么荒唐!这种战争是何等的不义!请看看,他们多么狠毒地监禁、审判和屠杀了那位国王,想一想,他们在秘鲁诸王国抢掠了伟大的国王和众多头人的巨额财富,其良心何在?

关于那些自称是基督徒的人所犯的罪行和惨无人道的“壮举”，我想复述一个方济各会神父刚来时亲眼目睹的事情。这位神父对此写了很多文章，还在这些文章的后面签了字，把副本寄给了他所在的一些省区和这里的卡斯蒂利亚各地。我手里也有一本他签了名的副本，里面写道：

“我，方济各会教士和秘鲁各省区方济各会的代表马科斯·德尼萨随同秘鲁第一批传教士及基督徒进入秘鲁各省区。作为某些事件的目击者，我要以我身临其境亲眼所见之事，讲出在那片土地上西班牙人是如何对待和征服土著居民的。首先，作为证人，我以亲身经历，证明秘鲁印第安人比其它地区的印第安人更善良，更愿意接近基督徒，极愿与之亲善。我还看到，该地的印第安人赠给西班牙人大量金银和宝石。他们往往倾其所有，满足西班牙人的任何要求并无微不至地向西班牙人效劳。印第安人热爱和平，从不发动战争。如果不虐待他们，不对他们滥施暴行，他们会十分亲切、恭敬地在村里欢迎西班牙人，供养他们。西班牙人需要多少男女奴隶，他们就会提供多少。

同样，作为证人，我还可以证明，在西班牙人进入该地区后，最大的酋长阿塔瓦尔帕交出了200万黄金[①]，并自动交出所有土地。印第安百姓绝没给西班牙人以任何把柄和借口据以把全秘鲁的最高头人阿塔瓦尔帕烧死。他死后，西班牙人又把他的副手科奇马卡也活活烧死，此人和其他显赫人物曾

① 单位不详。——译者

友好地会见过总督。在这些人死后不几天,他们又如法炮制,烧死了基多省区的重要头人昌巴,尽管他没做过任何坏事,更没犯有任何罪行。他们还毫无道理地烧死了加纳里奥斯的头人查佩拉。与此同时,他们又烧炙基多城的大头人路易斯的双脚,还对他施以其它许多酷刑,逼他说出阿塔瓦尔帕国王的黄金藏在什么地方。但是,这位大头人一点儿也不知晓,因此也无从交待。在基多,他们还烧死了省区的总管科索潘加。西班牙总督手下的一个队长塞瓦斯蒂安·德贝纳卡萨尔曾向总管索要吝种东西,仅因他没能如数交出所要的黄金,便把他和其他很多酋长及头人统统烧死。此时,我方醒悟:西班牙人的企图是在整个地区将印第安人灭绝。

一次,他们把捉到的印第安人关进三间大屋里,直到屋里塞满为止,然后放火烧房,所有的人全都烧死在里面。尽管印第安人从未伤害过任何西班牙人,也没给他们任何借口使他们这样干。

另一次,一个叫奥卡尼亚的教士从火中救出一个印第安小孩,这时来了一个西班牙人,一把抓住孩子的双手,重又把他扔进火里,致使那孩子与其他受害者一样顷刻间变成灰烬。那个把印第安小孩扔进烈火中的西班牙人,当天便在返回军营的路上猝然而死。我认为不应为他举行葬礼。

我肯定亲眼见过一些西班牙人仅仅出自一时心血来潮,便毫无道理地割下印第安男女的双手、鼻子和耳朵。总之,在那幅员辽阔的地区,发生的种种罪行真是罄竹难书。我还亲眼目睹西班牙人唆使恶狗扑向印第安人,把他们撕成碎块,过去我就目睹过此事。我还看见，他们烧掉无数房屋，毁掉大片良田。被他们毁掉的村庄太多了，简直无法历数。有的西班牙人抓住孩子的双臂，把他从母亲怀里夺走，然后再用力把他扔出去。此外，他们还干了其它很多毫无目的、疯狂凶残的暴行，使我感到十分惊骇。我还亲眼目睹了很多很多其它事件，多得不计其数。

我看到，那些毫无戒备、毕恭毕敬前来侍候西班牙人的印第安酋长和头人们刚一到达，西班牙人就把他们活活烧死。当着我的面，他们就公然烧死过两人，一个在内顿，一个在通巴拉。我费尽口舌，向他们宣讲教义，竭力劝阻他们免开杀戒，但都未获成功。由于上帝的启示和我自己良心的指点，我终于明白，由于众所周知的屠杀，迫使秘鲁的印第安人不得不起而反抗，他们这样做是天经地义的，因为西班牙人从不以诚相见，不履行诺言，总是违反正义和理智，凶狠地摧残印第安人，破坏他们的土地。西班牙人的暴行，使得印第安人忍无可忍，全都宁愿战死疆场。

按印第安人的说法，他们坚壁起来的黄金远比暴露的更多，我认为这是真的。由于西班牙人伤天害理和惨无人道的行径，他们不想说出黄金藏在什么地方，也不想去发现新的黄金产地。今后如果还那样对待他们，他们宁愿像前人那样死去，也不会再交出黄金了。这一切，不仅上帝受到了亵渎，而且陛下也因失去大片土地而蒙受巨大损失。那里土地肥沃，生产的农产品本来足够供给全体卡斯蒂利亚人长期食用，依我看，现在很难再把被毁的土地再恢复过来了。”

以上都是马科斯神父的原话，而且还有墨西哥主教的签字。证明其所讲的全部确凿无误。应该看到，这位神父所叙述的一切均是他亲眼目睹的事实，是九十年前在那块 50 或 100 里格土地上所发生的事情。那时，暴行还仅仅是开始，暴徒人数也还不多。后来，在黄金的诱惑下，又拥来四五千西班牙人，其活动范围扩大到很多王国和省区的共 500 至 700 里格的土地。他们把这些土地全部毁掉，犯下了上述罪行，或比那更残忍的罪行。确实从那时起到现在，他们对生灵的荼毒，对土地的破坏，比我叙述的要超过一千倍。他们置上帝、国王和信仰于不顾，消灭了绝大多数人口，在秘鲁各王国，十年间，他们共戕害了 400 万生灵！直到目前，他们还在继续这种屠杀。前几天，他们还用棍子打死了一位王后，她是附近各王国的首领埃林格的妻子。残暴的基督徒，把黑手对准了他，迫使他不得不起而反抗。为了给他制造痛苦，折磨他，西班牙人就把他的妻子抓起来，丧心病狂地杀死了她（有人说她当时已怀孕）。如果专门叙述基督徒在秘鲁诸王国犯下的和目前正在犯的罪行，毫无疑问，会使所有人不寒而栗。我们所叙述的西班牙人在其它地方所犯的罪行，无论在数量，还是程度上都无法与这里相比。

新格拉纳达王国的毁灭

1539 年，众暴徒从委内瑞拉、圣玛尔塔和卡塔赫纳前去秘鲁，而另一些人则由秘鲁向上深入腹地探险。他们在圣玛尔塔和卡塔赫纳后面 300 里格的地方发现了一些省区，其富饶程度令人惊叹不已。各省区内，都和其它地区一样，住满极为善良而温顺的百姓。那里还盛产黄金、宝石和一种人们叫做翡翠的东西。入侵者把这些省区叫做新格拉纳达王国，因为首批到达该地的暴徒中西班牙格拉纳达[①]人居多数。众暴徒从不同地区麇集新格拉纳达，成了那里闻名的嗜血如命的刽子手。他们曾在西印度很多地区行凶作恶过，对自己犯下的弥天大罪都习以为常，并对烧杀抢掠积累了丰富的经验，所以他们在新格拉纳达魔鬼般的行径和他们制造的混乱局面都超过其它地区，包括他们过去施暴的地区；他们本人也比其它地区的西班牙人更凶残。对他们三年间所犯的无数罪行——直至目前，他们也没有停止犯罪。——我简单地叙述几件：

一个总督不允许原在该地打劫的大队长再事掠夺和杀戮，以便他自己能为所欲为。为此他对该大队长所犯的罪行进行了调查，调查报告宣读后，保存在印度等地事务委员会。在上述的调查报告中，证人们说，该王国的百姓均毫无戒备地侍候西班牙人，长期用自己的劳动养活他们，为他们干活，交给他们大量黄金、宝石、翡翠和他们所能拿出的一切，后来头人和百姓被分配给西班牙人当奴隶。（一般说来，他们最终的目的还是努力获取黄金。）这时那个暴徒，即在那里发号施令的大队长竟毫无道理地逮捕了王国的头人，即国王，把他监禁了六七个月，向他索要黄金和翡翠。那位国王名叫波哥大，在西班牙人的恫吓下，他不得不答应交出他们所索要的一屋黄金，以期从折磨他的魔爪中解脱出来。经过几次搬运，虽然运来很多黄金和宝石，但终未能凑足一屋。西班牙人因其未能实现诺言还是要杀他。那个暴徒令一些西班牙人当着他本人

① 西班牙南部一城市。——译者

的面向国王起诉，西班牙人只好服从命令。暴徒们对国王进行了判决：如不交满一屋子黄金，便对他施以重刑。他们鞭笞他，往他的肚子上扔燃烧的油脂，然后点火烧烤他的双脚。那个暴徒还不时进来对他说，如不交出黄金，就把他慢慢烤死。果然，国王被活活折磨死了。在给国王动刑之际，他们施暴的村庄突然起火，上帝以此表示对惨无人道行为的愤怒。

所有西班牙人原来只知道砍杀印第安人，现在他们以其大队长为榜样，用各种各样的酷刑折磨被其监护的酋长和村里头人，尽管头人和百姓都为西班牙人效劳过，并交出了所有的黄金和翡翠。暴徒们如此折磨印第安人，仅仅是为了攫取更多的黄金、宝石，而印第安人无法如数满足其要求，于是他们决定要杀死那一地区的所有头人。

一位名叫达伊塔马的头人，由于对一个臭名昭著的暴徒感到恐惧，带着他的部下躲进山里，这是他们的最后生路了（如果这种方法还有用的话）。可西班牙人竟将此事斥之为造反、叛乱。上述西班牙大队长是个穷凶极恶之徒，获悉头人逃跑以后，便派那个暴徒——正是因为此人的暴戾，才使默然忍受暴行的印第安百姓被迫逃进山里——进山讨伐。印第安人没在山中藏好，被西班牙人捉去很多，暴徒们砍杀了500名男女老少，一个都不放过。有的证人说，达伊塔马头人自己在被杀之前，还拜见过那个暴徒，送给他四五千卡斯特诺黄金，尽管如此，他还是死在西班牙人手中。

还有一次，那个大队长发现很多印第安人在一个城镇与往常一样埋头干活，毫无戒备地侍候着西班牙人，当天晚上，当印第安人劳累了一天，正在吃饭、休息或睡觉之际，他带人突然闯进各家，把他们都用利剑刺死。他认为,为了在那一地区制造恐怖气氛,非这样做不可。

另一次,大队长叫所有西班牙人发誓,如实说出每家使用多少印第安酋长、头人和百姓为他们干活,并令他们把这些人都带到广场上去,在那里,他突然下令,把这些印第安人全部斩首。仅这一次他就屠杀了四五百人。证人们说,西班牙人总是以这种方式维持该地区的安宁。证人们还谈到另一个暴徒,他除了杀人以外,还割掉很多印第安男女的双手和鼻子,以这种方法又折磨死很多人,犯下了滔天罪行。

又有一次,大队长叫上述那个暴徒带一些西班牙人到波哥大省区进行侦察,看看大头人被他折磨死后,谁继承了职位。他们在广大地区到处搜寻,逮捕了所有遇到的印第安人。后者不肯说出新头人的名字,那个暴徒便不分男女,割下一些人的双手;唆使恶狗扑向另一些人,把他们撕成碎块,他就这样又杀死了大批印第安人。

一次,天刚蒙蒙亮,那个大队长捉到了几个毫无戒备的印第安酋长和很多百姓。大队长假意向这些人发誓不再让西班牙人伤害他们,不再对他们施以酷刑。酋长信以为真,便令印第安人离开藏身的山区,返回自己的家园。他们实在太大意了,竟然轻信了西班牙人的诺言,结果歹徒们抓走很多印第安人,他们命令被捕者把双手摊在地上,接着便用弯刀砍下来,并对他们说,这是对他们不肯说出王国新头人藏在什么地方的惩罚。

另一次,由于印第安人没能交出这个残忍的大队长索要的一盒子黄金,他就派人大打出手,杀了很多人,割掉很多印第安男女的鼻子和双手。他们还唆使恶狗咬人，把人撕碎吃掉。此种惨景真使人不堪言表。

又一次，在新格拉纳达的另一省区，印第安人得知西班牙人烧死了三四个大头人后，大惊失色，纷纷逃进一座怪石嶙峋的大山进行自卫，以抵抗那些心狠手辣的敌人。据证人们说，当时山上大约有四五千人。上述大队长派了一个臭名昭著的大暴徒——此人给在该地进行打劫的基督徒们很多好处。——和其他西班牙人一起进山讨伐。此人对其同伙说，叛乱的印第安人要躲避巨大灾难和屠杀，就意味着大逆不道，理应受到惩罚，应该向他们报复，残酷地折磨他们，而不应对他们有丝毫怜悯和同情之心。实际上，西班牙人对印第安人从来就不曾有过怜悯和同情。这些西班牙人来到山下，很吃力地爬上山找到了赤身裸体、手无寸铁的印第安人。他们宣布山上的印第安人都已成为和平的印第安人，保证绝不再伤害他们，请他们也不要再进行反抗。印第安人信以为真，停止了自卫。此时，那个杀人不眨眼的暴徒命令西班牙人先占领山上所有要地，然后向印第安人扑去，犹如豺狼扑向羔羊。有的向印第安人乱砍乱杀，有的将印第安人剖腹开膛，刀光剑影之下，印第安人个个粉身碎骨。西班牙人略事休息后，暴虐的队长又命令他们冲向另一山头屠杀其余的人。他们把很多人从高山上扔下去。此时，遍山的印第安人已不剩一个。证人们说，他们见到700多人被扔到山下，个个摔得粉身碎骨，尸横遍野。

犯下这一罪行后，西班牙人又去搜寻躲在灌木丛中的印第安人。那个暴徒命令把被捕者全部用利剑砍死再扔下山去。他对上述之举犹嫌不足，似乎希望自己罪上加罪，这样才能更加臭名远扬似的，于是又命令把后来捉到的印第安人，关进草屋，挑出一些认为强壮的留下来侍候他们(每当施暴时，他们经常活捉一些印第安男女留下为自己服务)，然后将茅屋点着，结果四五十人活活烧死了。他还命令恶狗扑向其他人，把他们撕碎吃掉。

另一次，还是那个暴徒，闯进一个叫做科达的村庄，在那里捕捉了很多印第安人，又放恶狗咬死15到20个头人和首领。另外还割下被捉的印第安男女的双手，用绳子绑好，一串串挂在柱子上，总共有70双手，这样做是为了让其他印第安人知道，他们是如何对待那些当地百姓的。他甚至还割下很多妇女和儿童的鼻子。这个上帝的敌人所犯下的惨无人道之举真是前所未闻，罄竹难书。这些数不胜数的暴行都是这个暴徒在新格拉纳达、危地马拉和其它地区干下的。多年来，他一直在这一带杀人放火，无恶不作。在调查报告上，证人们还证实，其手下的队长以及其他暴徒在新格拉纳达王国所犯的和正在犯下的罪行如此之严重，杀人如此之多，以致整个地区都被摧毁夷平。如果陛下不及时下令采取断然措施(屠杀印第安人只是为了获得黄金，但他们早已把黄金交光)，那么，在不久的将来，印第安人就会绝种，再也不会有一个印第安人在地里劳作，土地将全部荒芜。

凡在那一王国逗留过的人和在调查报告中作证的证人都说，由于那些无耻之徒的残暴和畜牲般狠毒，致使新格拉纳达王国在被发现后仅两三年的时间，便由一个世界人口最稠密的地区变成一个凄惨荒凉，人烟罕见之地。这全是那些毫无仁慈之心，置上帝和宗教于不顾的不法之徒一手造成的。证人们还说，如陛下不下令阻止那魔鬼般狠毒的行径，该王国将会不剩一人。我本人也这样认为，因为我亲眼所见，那一地区的很多土地，仅在几天之内便被暴徒毁掉，彻底荒芜了。

与新格拉纳达接壤的还有几个大省区，其中有波帕扬和卡利，此外，还有几个方圆 500 里格的省区。西班牙人以在其它省区用过的手段，对那里的百姓进行抢劫和屠杀，并用上述不人道的行为把无数印第安人折磨致死，使那里的土地全部荒芜。从该地回来的人都说，看到诸多大村庄顿时化为瓦砾，使人感到痛心，他们亲眼看见一个人丁兴旺、土地肥沃的足有一两千人的村庄，一下锐减到 50 人。其余人全都被杀死，烧死。从那里来的人还说，沿途看到方圆二三百里格土地彻底荒芜，真是令人触目惊心。

最后，一些残忍的暴徒从秘鲁诸王国途经基多省进入新格拉纳达王国和波帕扬省区；有的经卡塔赫纳、乌拉瓦地区到达卡利；另一些可悲暴徒则从卡塔赫纳到达基多。以后，又有一些人通过流经南海海岸的圣胡安河也来到基多(很多人都聚集在这一地区)，他们使 600 里格的土地荒芜，使大批生灵惨遭荼毒，直到现在，他们仍对那些无辜可怜的百姓干这种勾当。

一开始我们说过的那条规律现在证实仍是确实无误的。因为，现在在上述地区，西班牙人的卑鄙无耻，惨无人道的罪行，对那些驯服的羔羊所进行的屠杀，以及其他不义行径一直有增无减，日趋严重。

下面的事实尤其令人发指：残酷地屠杀，不人道的战争结束后，他们把印第安人置于上述可怕的奴役地位，即把他们“委托”给魔鬼。有的魔鬼分得 200 人，有的 300 人。一个魔鬼委托监护主令 100 个印第安人来到他面前，这 100 个像羔羊般驯服的人到达后，那个魔鬼叫人把其中的三四十人的头割下来，并对其他人说："如果你们不好好的侍候我，或不经允许就私自外出，我就照此办理。"看在上帝和读者的分上，请想一想，这是什么行为啊！这个暴徒的残酷无情和伤天害理的行径全然超出了人们的想象能力，让我们把这群基督徒称做魔鬼岂不更合适吗？我们与其说把印第安人委托给西印度的基督徒，不如说委托给地狱里的魔鬼更恰如其分。

我还要叙述一下他们的另一件暴行，我不知世界上还有什么比这更残忍的了。之所以说西班牙人比畜牲还狠毒，甚至比豺狼更凶狠，从下述的事件中就可看出：如前所述，西班牙人在西印度豢养了极其凶狠的恶狗撕咬印第安人。真正的基督徒以及尚待成为基督徒的人们，请想一想，世上是否有人听说过这样的事情：西班牙人用锁链押来很多印第安人，可怜的人们沿途就像猪群一样在路上踉跄而行。为了喂养那些恶狗，暴徒们杀死了他们中很多人，路上简直成了人肉屠宰场。有时，一些西班牙人竟对其同伙说："喂，你把那个坏蛋的四分之一借给我吧，我要喂我的几条狗，待我杀另一个坏蛋时再还你。"他们就像借四分之一的猪羊肉一样出借印第安人肉体！还有另一些人带着狗上山打猎，回来吃饭时，有人问他们收获如何？他们回答："不错，我们用狗咬死了15到20个坏蛋。"所有这些和其他魔鬼般可怕的事实都是在一些暴徒控告另一些暴徒的诉讼中证实的。还有比这更丑恶、更狠毒、更惨绝人寰的吗？

我想至此搁笔，待再次听到发生骇人听闻的消息(要比上述罪行更严重才是)，或者等我们重返42年来我们一直注视其事态发

展的西印度进行第二次考察时再行执笔。

我一直在上帝面前发自内心地对暴徒们进行抗议。我坚信，是西班牙人以其屠杀、抢劫、暴力和不义之举给西印度人民和土地带来了无穷灾难、浩劫、破坏、损失、恐怖和死亡，而且恶行日甚一日，举不胜举(直至今日他们仍在西印度干这种勾当)。因此，我所论述的事实无论在程度和数量上都远远不及他们过去和现在实际所作所为的万分之一！

为了让世上所有基督徒对那些无辜人民产生深切同情，对他们的境遇和被屠杀的渗况更有切肤之感；为了更强烈谴责、厌恶、蔑视西班牙人的残酷、贪婪和野心，我写出上述诸事实，请诸位相信，我叙述的一切都是千真万确、信而有证的。

从发现西印度到如今，无论在任何地方，都没有一个印第安人首先伤害过基督徒。相反，他们总是首先受到西班牙人的伤害、洗劫，是背信弃义行为的受害者。印第安人曾经把西班牙人看成是自天而降、长生不死的神祇，而且在他们的行为暴露了他们的本性和企图之前，也一直把他们当作神来对待。

还有一点尚需补充：从一开始到现在，西班牙人从未真心想过要尽力在印第安百姓中传播基督教，仿佛印第安人是猪狗牲畜，无法向他们传教似的。不但如此，他们还竭力迫害、非难传教士，阻挠他们传教。因为，他们认为传教会影响他们获得梦寐以求的黄金和其它财富。一百年来①，整个西印度地区的印第安人对上帝

① 作者认为印第安人是一百年前由旧大陆迁徙到西印度的一个部落的后裔。——译者

所知甚少,不知他是泥捏木雕的,抑或来自天上或地下。只是在新西班牙——它仅是西印度的一个小角落——传教士才有些微活动余地,而在其它地区,大批印第安人都在没有信仰,没有行过圣礼的情况下离开人世,现在仍是如此。

我,巴托洛梅·德拉斯·卡萨斯,或卡萨瓦斯[①],圣多明各的传教士,由于上帝的慈悲,得以出入西班牙宫廷,致力于捣毁西印度活地狱的活动,以使那些受耶稣之血得以超度的无数生灵[②]永远不再束手无策地坐以待毙;使他们能够信仰我们的造物主,使其灵魂得到拯救。我十分热爱我的祖国卡斯蒂利亚,愿上帝不要因为一小撮人破坏了上帝的教义和声誉,在印第安人身上犯下弥天大罪而将我的祖国毁掉。受宫廷中那些尊重上帝的荣誉,对别人的痛苦和灾难充满同情的著名人士的鼓励,我早就打算撰写一部著作,但终因繁忙,无暇顾及而落空。后来,终于在1542年12月8日于巴伦西亚[③]完成了此书的写作。此时,正值西印度的基督徒们疯狂地进行屠杀、迫害、抢劫、毁灭、破坏,制造灾难、痛苦以及人种灭绝等等罪行达到登峰造极之时。自然,还有一些地方的暴行比已述的更狠毒,更令人愤慨。

墨西哥及其周围地区的情况稍好些,在那里,西班牙人至少不敢公开胡作非为,因此,只是在那里,而不是其它地区,尚有些微公正可言,尽管少得可怜。但即使如此,也还有苛捐杂税在逼死人。

---

① 这是作者的法国姓。——译者

② 指印第安人。——译者

③ 西班牙东部城市。——译者

皇帝[①],即西班牙国王,我们的君主卡洛斯五世已经获悉西班牙人在西印度对其百姓所犯的诸多罪行,——这些罪行,直到目前人们还企图巧妙地向他隐瞒着——我相信他定能铲除这些罪行,拯救正义的保卫者和支持者上帝所赐予他的新大陆。为了罗马教廷,也为了国王陛下的荣誉、幸福及灵魂得到拯救,为了王国的昌盛,愿万能的上帝永存,——阿门!

在写完此书之后,于 1542 年 11 月颁布了陛下在巴塞罗那制定的法令[②]。第二年,在马德里正式宣布执行。看来,在那个被摧毁了的世界里,执行此法,结束背叛上帝和人类的恶行和罪孽是十分必要的。上述法令是陛下在巴利亚多利德召集众多权威人士、学者和有识之士进行认真研究和讨论之后,在与会者一致赞同下,签字通过的。与会者作为真正的基督徒表现了对宗教教规的忠诚。他们中间没有一个人被从西印度掠来的财宝所腐蚀与玷污,而这些东西确实玷污了很多统治西印度的暴徒们的双手,尤其玷污了他们的灵魂。在那里蒙昧统治一切,他们肆无忌惮地在该地进行破坏。法令公布后,那些暴徒的代理人——他们都在宫廷中任职——极为不快,因为这项法令关上了他们参与抢劫施暴的大门。他们将法令复制了很多抄件,寄往西印度各地。那些以暴力在西印度进行抢劫、破坏和屠杀的西班牙人根本不懂法令为何物,

① 卡洛斯五世当时也是德国皇帝。——译者

② 此项法令也叫新法,内容是停止奴役印第安人,废除委托监护制等。——译者

只知像撒旦[①]一样制造混乱。他们看了抄件后，在新法官前去执行法令，从人们言谈中了解那些靠罪恶和暴力生活的歹徒的罪行以前，就闹了起来，以致当新法官前去执行法令时，他们竟敢违背上帝的意志，以反叛者自称，公开对抗王法。他们真是一帮穷凶极恶，肆无忌惮的暴徒。在秘鲁诸王国，时至今日——1546 年，他们仍进行着令人毛骨悚然的凶残暴行，这些暴行不仅在西印度，就是在全世界也是史无前例的。他们不仅对印第安人施暴，——这里的印第安人全部，或几乎全部被他们杀光，其土地也被破坏殆尽，——而且还对他们的同伙施暴，即他们之间经常发生内讧，互相残杀。这说明在他们即将受到国王审判之前，上帝的判决已自天而降，使得他们中一些人成了另一些人的刀下鬼。趁秘鲁的暴徒叛乱之际，西印度其它地区的西班牙人借口对法令持有异议也拒绝执行，实际上，他们和秘鲁的暴徒一样造反了。因为丢下他们篡夺的权力和土地，解放永远处于奴隶地位的印第安人，就等于损害他们个人利益。现在，在那已停止使用利剑杀人的地方，很快又以劳役和其它不堪忍受的虐待慢性杀人，国王也无力阻止他们的暴行，因为所有人，大人、小孩都在抢劫，只不过一些人抢得多些，另一些人抢得少些，有人明火执仗，有人阴险狡猾罢了。在为国王服务的幌子下，他们玷污了上帝的声誉，也损害了国王的利益。

① 圣经人物，原是天使，后因犯罪被谪降人间，在人间干尽了坏事。——译者

美洲恰帕斯教区主教巴托洛梅·德拉斯·卡萨斯教士生平

J. A. 略伦特

巴托洛梅·德拉斯·卡萨斯教士1474年生于塞维利亚。其父安东尼奥曾在西班牙海军服役,1492年参加了由克里斯托瓦尔·哥伦布率领的对新大陆的航行。返回欧洲不久,于1493年再次随哥伦布进行第二次航行。可以说,安东尼奥·拉斯·卡萨斯是首批美洲发现者和征服者中的一员。

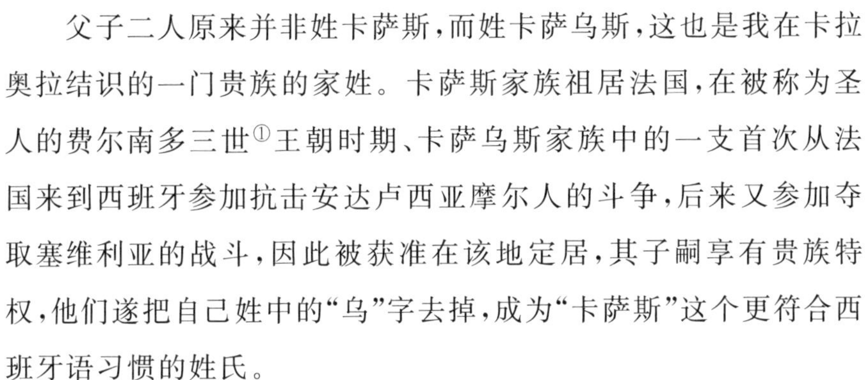

父子二人原来并非姓卡萨斯,而姓卡萨乌斯,这也是我在卡拉奥拉结识的一门贵族的家姓。卡萨斯家族祖居法国,在被称为圣人的费尔南多三世[①]王朝时期、卡萨乌斯家族中的一支首次从法国来到西班牙参加抗击安达卢西亚摩尔人的斗争,后来又参加夺取塞维利亚的战斗,因此被获准在该地定居,其子嗣享有贵族特权,他们遂把自己姓中的“乌”字去掉,成为“卡萨斯”这个更符合西班牙语习惯的姓氏。

当安东尼奥首次美洲航行时,巴托洛梅·德拉斯·卡萨斯年

① 圣人费尔南多三世是西班牙国王,生于1199殁于1252,1217年继承王位。——译者

方十八，已结束了按亚里士多德方法和原则为基础教授的拉丁语、当代哲学（即逍遥学派[①]的辩证法）、逻辑学、玄学、数学、美学和物理学等学科的学业。

阿古斯丁·萨卢奇在用拉丁语撰写的《希伯来人的货币》一文中谈到：巴托洛梅·德拉斯·卡萨斯是在1493年首次随其父远航西印度的，说这是巴托洛梅·德拉斯·卡萨斯亲口对他讲的。我认为这里恐有误解，因为从拉斯·卡萨斯的著作中可知，其首次航行当始于1498年。例如，1547年在向印度等地事务委员会提交的《三十条建议》一文的结尾，拉斯·卡萨斯写道："尊贵的先生，这诸多恶行是49年来本人在西印度亲眼目睹的。34年来本人一直在潜心研究法律。"[②]

在1542年撰写的《西印度毁灭述略》一书的前言中，拉斯·卡萨斯说他"积50余年之经验"[③]，叙述了西班牙人在西印度所犯的罪行，并说，他回自己的国家后还一直控诉西班牙人在那里的罪行。但是，值得注意的是，这些话来自作品的前言部分，写于1552年，同年全书在塞维利亚出版。作者想以此部分作为全书的引言。由此可知，他积"50余年之经验"云云，乃是合乎情理的。

巴托洛梅于1498年5月30日随其父参加哥伦布的探险，时年24岁。1500年11月25日又和海军统帅一起返回西班牙加的

① 即亚里士多德学派的别称。——译者

② 引自《三十条建议》，卡萨斯著，塞维利亚市塞瓦斯蒂安·特鲁西略印刷所印，1552年首版（马德里国家图书馆藏书）。——原注

③ 引自《西印度毁灭述略》，拉斯·卡萨斯著，塞维利亚特鲁希略印刷所，1552年初版（马德里国家图书馆藏书）。——原注

斯港。此时大约就是卡萨斯于1542年在《第八条方案》第一点中对国王说的："陛下，圣上的那些去西班牙岛的臣民在为先王、先后及陛下本人尽忠效劳时建树颇多。与此同时，他们自己亦望在西印度各王国获得个人利益。因此，发现新大陆的第一任海军统帅克里斯托瓦尔·哥伦布于1499年决定赏赐每人一名印第安人并允许将其带回西班牙。臣也因之得到一名。这些印第安人到达西班牙后，陛下即获悉此事，遂大发雷霆，圣言：'海军统帅令决无权将朕之臣民赐予任何人！'并在当时的宫廷所在地格拉纳达降旨，将所有印第安人遣返故里，违令者斩。1500年修道院院长弗朗西斯科·德博巴迪利亚前往西印度供职，顺路将印第安人送回故乡。赐臣的那名印第安人也在其中。"[1]

1502年5月9日，拉斯·卡萨斯再次随克利斯托瓦尔·哥伦布远航西印度，同年6月29日到达圣多明各。在《三十条建议》第二十九条谈到国王圣谕，赐印第安人以自由时，拉斯·卡萨斯写道："此后，拉雷斯的第三任修道院院长违背王后旨意，于1503年——此时鄙人也在西印度——把这一凶恶的瘟疫传播开来。"[2]

现在尚未确知拉斯·卡萨斯是否于1504年和海军统帅一起返回西班牙，如确系如此，可以肯定，他曾和第二任海军统帅迭戈·哥伦布第三次西航新大陆。因为1510年，拉斯·卡萨斯在圣多明各被委任为神职人员是确切无误的，这一点，下面还将谈及。

① 引自《第八条方案》，拉斯·卡萨斯著，塞维利亚城哈科梅·孔贝赫尔印刷所，1552年初版。——原注

② 引自《三十条建议》，拉斯·卡萨斯著。——原注

此"瘟疫"系指委托监护制。——译者

拉斯·卡萨斯第一次远航美洲前，已读完哲学和神学等课程，并在塞维利亚获得硕士学位。但是直到1513年，在接受教职以后才开始学习法律。这就是前面谈到的他在1547年曾说，34年来，他一直学习法律的缘由。

1500年，天主教国王与王后在对尼古拉斯·德奥万多[①]的训示中，曾令其向西印度输入在基督教国家中出生的黑人奴隶。结果，大量黑奴拥入新大陆，以致尼古拉斯认为，应向西班牙君主陈情，要求中止黑奴贸易。因为黑奴往往抛弃西班牙人的家庭，协同印第安人一起逃进深山密林，无论如何也不肯回来。

奥万多总督的这一建议足以表明一些作者谴责拉斯·卡萨斯于1517年向美洲殖民地引进黑奴一事纯属荒谬，因为早在1500年，黑奴贸易已在西印度猖獗起来。

确实，当时运往美洲的黑奴全部出生在塞维利亚，他们是从非洲掠来的黑人的后裔。当时，塞维利亚的黑人数量颇为可观。因为很早以来，西班牙人就在该城与从15世纪中叶就开始从事买卖黑奴活动的葡萄牙人进行大规模的黑奴交易。

奥万多总督的建议没能得到预期效果。西班牙政府于1506年又明令禁止把莱万特省的黑奴以及在西班牙同皈依天主教的摩尔人一起受教育的黑奴输入美洲。只允许那些从小就加入基督教的黑人前往西印度，而只有在塞维利亚出生的黑人才被认为具备这一条件。但是，可能也有其他地方的黑人被偷运到美洲，奥万多总督所说的逃亡者，大概指的就是这些人。

---

① 西印度第二任总督。——译者

确实，自1506年起，美洲的黑奴大都是天生的基督徒，所以西班牙政府下令，允许这些人星期日和节日期间参加弥撒。[①]

1510年巴托洛梅·德拉斯·卡萨斯硕士被西班牙岛首任主教委任为教士，第一次参加由另一个在新大陆被委任的教士所主持的大礼弥撒。历史学家安东尼奥·德埃雷拉对当时情况作了如下描述“这是在西印度举行的首次大礼弥撒，海军统帅与占全岛大部分人口的拉贝加城居民参加了这一庆祝活动。当时正值黄金铸造时期，很多人携带黄金进城加工，他们像逛卡斯蒂利亚的集市一样，聚集在城里。因此，商业也随之繁荣起来。在此之前，由于无货币流通，人们便仿卡斯特诺和杜卡多[②]试制一些样品，然后才进行大批铸造。还有些人根据需要铸造阿列尔[③]和雷阿尔[④]，这两种货币铸造得最多。参加首次弥撒的教士就以后一种货币献给其教父。当时还出现伪币，虽非金质，但都能达到以假乱真的程度。

首次大礼弥撒十分热闹，但参加此次活动的教士都没喝到酒，须知参加此次活动的其他人也没尝到一滴酒，因为那几天，没有一艘船从卡斯蒂利亚开来，岛上的酒早已告罄。”[⑤]

同年（1510年），多明我会教士到达美洲殖民地。修道院院长佩德罗·德科尔多瓦在西印度被授予代理主教的职务，负责领导

① 参见安东尼奥·德埃雷拉著《西印度通史》第一卷第一编第六章第二十节。——原注

② 卡斯特诺和杜卡多都是西班牙古金币名。——译者

③ 西班牙货币名。——译者

④ 西班牙和拉丁美洲当时通行的货币，金、银均有。——译者

⑤ 引自《西印度通史》中《卡斯蒂利亚人在西印度活动史》第一卷，马德里皇家历史学院1935年版。——原注

所有传教神父。埃雷拉认为,在这些传教神父中,出类拔萃者有两人,即安东尼奥·德蒙特西诺和贝尔纳多·德圣多明各。多明我会教士刚登上西班牙岛就宣布他们反对西班牙人以履行监护主的职责和义务为借口,虐待印第安人、掠夺其财产、把他们置于悲惨的奴隶地位,强迫其从事不堪忍受的劳动,而其所得的报酬,只是些许不能果腹的粗糙食物。

巴托洛梅·德拉斯·卡萨斯很早就对印第安人的命运表示关注,他钦佩多明我会教士的活动,并常和他们一起揭露西班牙人的罪恶和伤天害理的暴行。①

此时,费尔南多五世命令塞维利亚"贸易总署"的官员们向美洲矿井遣送 50 名黑奴,因为他获悉印第安人体质单薄,无法胜任矿里的繁重劳动。可以肯定,拉斯·卡萨斯对国王的这一决定全然不知,因为他当时不在西班牙,在政府内也无一官半职,虽然当时他已 36 岁。②

不久,巴托洛梅·托拉斯·卡萨斯前往古巴,就任桑瓜拉马城的教区神父,这一职务使他有机会谴责对印第安人所施的暴行,他充分利用了这一机会,并担负起印第安人保护者的职责。从此,他视印第安人为自己的子女,责无旁贷地帮助他们抵抗那些举家迁往大陆定居,已成为大陆一个新种族的西班牙征服者和其它欧洲人。

圣多明各的神父因自己和其他传教士以及从 1502 年便到达

① 参见埃雷拉著《西印度通史》第一卷第一篇第七章第十二节。——原注

② 见上书第一卷第一篇第八章第十节。——原注

新大陆活动的意大利方济各会教士均无法在此传教，便决定向西班牙写信，要求其教会的会长加西亚·德洛艾萨（此人后来成为塞维利亚城的枢机主教、国王的忏悔神父、十字军远征军的总军需官、印度等地事务委员会的委员长）向国王禀报印第安人的不幸遭遇。费尔南多国王于 1511 年再次谕示改善印第安人的状况，并表示迫切希望向美洲遣派大量几内亚黑人，禁止把加勒比人以外的印第安人变成奴隶，对加勒比人，则需在他们的脚上打上烙印，以区别于那些归顺后逃跑、又被抓回的印第安人。[①]

1512 至 1513 年，布尔戈斯会议之后，又在其它城市召开各种会议，会上国王为输入黑奴一事颁发一系列谕令。

巴托洛梅·德拉斯·卡萨斯关心每次会议进展情况，密切注视会议能否给印第安人带来转机。其善良愿望得到他的好友迭戈·贝拉斯克斯总督的大力支持。总督请他担任胡安·德格里哈尔瓦的顾问，此人在总督回国期间，是殖民地区的代理总督。看来新职务大大有助于拉斯·卡萨斯深入研究法律。印第安人也把他当作自己强有力的保护人，经常向他寻求帮助，他则忠于职守，热情地向印第安人和西班牙人反复宣讲教义。埃雷拉曾在其著作中记载马耶伊印第安人在潘菲洛·纳瓦埃斯到达后，被迫离开故乡，后来他们向贝拉斯克斯请愿，让他以慈悲为怀解救他们。由于巴托洛梅教士的干预，贝拉斯克斯才答应他们可以返回家园，过自由、和平的生活。[②]

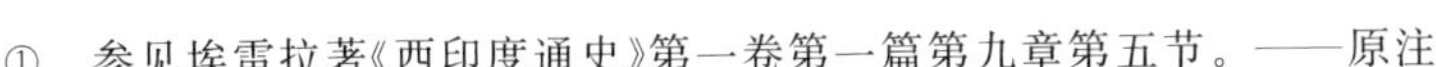

① 参见埃雷拉著《西印度通史》第一卷第一篇第九章第五节。——原注

② 见上书第一卷第一篇第九章第九节。——原注

1513年,拉斯·卡萨斯受命随纳瓦埃斯前往古巴的巴亚莫、库埃伊瓦、卡乌纳乌、卡马圭等省区探险。[①] 每到一地他都受到当地居民的信赖。一天,一个酋长给其所在的教区买了一个圣像,当他听说巴托洛梅·德拉斯·卡萨斯要把圣像撤掉,换上另一个时,他在夜间偷偷地把圣像拿走,逃进山里。拉斯·卡萨斯获知此事后,派人对酋长说,他从未有撤换圣像的意图,只是想把自己的圣像捐赠给教区,为此他受到印第安人的尊敬。在卡乌纳乌,他还平息了一次由于西班牙士兵虐待印第安人而引起的暴动。逃到深山的印第安人听说拉斯·卡萨斯神父因见不到他们而深感悲痛时,便立即返回来。这说明,他只要一发话,叫干什么他们就干什么。印第安人就像对待父亲那样爱护他,尊敬他。史学家埃雷拉对此深有体会。他说,总督如叫印第安人办一桩急事,他总是随手拿一张破纸片,派人送给印第安人,说这是拉斯·卡萨斯写的便条,请他们办事,事情准能办成。即使印第安人中有人拒绝执行命令,其同伴一定会大发雷霆。总督亲眼目睹过印第安人对卡萨斯有令必行,绝对服从的情形。相反,如派他的士兵叫印第安人办事,必遭印第安人的抵制。因为士兵们稍不如意就要动武,从不履行诺言。为了抗令,印第安人往往举家逃进密林。

一个名叫小阿德里亚诺的青年印第安人,自愿给卡萨斯当差,得到赏识,后来就是由于这个青年人的周旋,使动乱的卡乌纳乌省区恢复了和平。

拉斯·卡萨斯在印第安人中享有的声望,产生了奇迹般的效

① 参见埃雷拉著《西印度通史》第一卷第一篇第九章第十五节。——原注

果。在各省区逗留期间，他为上千名儿童做了洗礼。一次，一只船在他临海搭起的帐篷附近靠岸，船上坐满印第安人，其中还有两名全身赤裸的西班牙妇女，她俩仅用一些树叶遮羞，一个四十岁，另一个二十岁。她们说，前不久，西班牙人在该地登陆时，被印第安人击败，她们是仅剩下的两个幸存者。拉斯·卡萨斯给她俩衣服遮体，后来把她们嫁给了两个他最信任的男人。[①]

拉斯·卡萨斯神父从两名妇女那里得知，企图登陆的西班牙人中有一人试图跳海逃跑，被哈瓦那省的一个酋长捉到。他即刻派身边的印第安人带上信函前去交涉。印第安差役对酋长说，拉斯·卡萨斯神父要求把被俘的西班牙人送回来。酋长听后立即照办，一分钟都没有耽搁。他说，他的部下曾一致要求处死这个西班牙人，他却把此人藏在自己家中保护起来，否则，他必死无疑。这个西班牙人被监禁了四年，西班牙语已忘得精光，但却精通了当地的语言，对当地的风俗习惯也了如指掌。

这次出征古巴，拉斯·卡萨斯还从纳瓦埃斯手中解救出几位酋长和很多印第安百姓。西班牙人的入侵，迫使印第安人弃家逃跑，但当他们得知拉斯·卡萨斯神父希望他们重返家园，并保证他们生命安全时，全都马上遵命返回。而纳瓦埃斯却把返回故里的人套上锁链，准备处以极刑。此时，拉斯·卡萨斯挺身而出，向他出示贝拉斯克斯总督的手谕，禁止他下此毒手，并警告说，如果他再固执己见，他将马上返回西班牙向费尔南多国王禀告其罪行。

① 参见埃雷拉著《西印度通史》第一卷第一篇第九章第十六节。——原注

由于巴托洛梅教士的坚持，印第安人终于获救，并得以重返家园。[①]

美洲征服者和其他西班牙人从不把西班牙下达的一系列关于保证印第安人自由和幸福的法令放在眼里，这是不足为奇的。因为，国王派去的法官、主要行政人员及西印度的各位总督，拥有巨大的委托监护权，在贪婪的刺激下，他们以各种借口践踏人类神圣的权力，将大批印第安人变成奴隶。他们还不允许其同胞思考如何才能正确殖民，更不许他们按其他原则进行殖民实践。在美洲的暴行已达到登峰造极之时，亲王方命令上述官员铲除罪恶，其结果可想而知。在此情况下，1515 年，拉斯・卡萨斯再次鼓足勇气，断然决定返回西班牙，向费尔南多五世禀告美洲严酷的现实，请求国王采取有效措施，消除西印度的灾难。他尤其盼望国王取消分配制，此制度是国王误信有关印第安人状况的歪曲汇报后下令执行的。虽然可敬的多明我会教士佩德罗・德科尔多瓦和安东尼奥・德蒙特西诺苦苦劝阻卡萨斯远航，但他仍毅然离开美洲，回西班牙向国王陈情。[②]

拉斯・卡萨斯在埃斯特雷马杜拉省的布拉森西亚镇参谒了费尔南多五世，向其表明了此行目的。在国王面前，他慷慨陈词，激烈反对委托监护制。国王听后大为震惊，尤其当国王的恩师托马斯・马蒂恩索神父禀告王室大臣米格尔・德帕萨蒙特和其他很多西班牙人无耻滥用国王所赐权力，对可怜的印第安人大施淫威，犯

① 参见埃雷拉著《西印度通史》第一卷第一篇第九章第十八节。——原注

② 见上书第二卷第一编第八章第十一节。——原注

下十恶不赦的罪行后，更是惊愕不止。国王马上令巴托洛梅教士前往塞维利亚向多明我会教士、塞维利亚的大主教、国王前任恩师和前任宗教法庭首席法官唐迭戈·德萨、布尔戈斯省主教、国务参事胡安·罗德里格斯·德丰塞卡、王室大臣、修道院院长洛佩·德孔奇略和其他有关人士陈述美洲情况，并令他们为此事进行商讨解决。拉斯·卡萨斯立即从命，不料，1516 年 1 月 23 日，费尔南多五世驾崩，致使拉斯·卡萨斯的塞维利亚之行一无所获。[①] 于是，巴托洛梅教士准备前往佛兰德，在新国王卡洛斯五世（即原阿斯图里亚斯国王卡洛斯一世，当时德国的皇帝）面前为保卫印第安人的事业奔走呼吁。但是，托莱托的大主教、宗教法庭首席法官、费尔南多国王委任的西班牙摄政者西门内斯·德西斯内罗斯枢机主教劝阻了他，说他在马德里也能达到目的，无需远途跋涉。

西门内斯与同他一起摄政的枢机主教阿德里亚诺此时已采取措施，禁止奴役印第安人，尤其严禁以委托监护为名在西班牙人中分配印第安人。但是由于执行者本身就是那些既得利益者，因此这些措施无法实施。于是，宫廷决定派三名哲罗姆会教士为钦差去美洲，并指出三名教士应由该教会教长在十二名候选人中挑选出来。他们在管理殖民地，恢复印第安人的自由方面将有绝对权力，美洲各级官员都要绝对服从他们的指挥。巴托洛梅教士偕西斯纳罗斯致教长的信来到卢波亚那城帮助挑选。结果贝尔纳迪诺·德曼萨内多、奥尔梅多教区神父路易斯·德菲格罗亚和塞维

① 参见埃雷拉著《西印度通史》第二卷第一篇第二章第三节。——原注

利亚的圣伊西多罗教区神父被选中，随拉斯·卡萨斯来到马德里。不久他们便受到敌对分子的攻击，敌对者妄图迫使他们放弃这一事业，因为它不仅触犯了美洲最强大的殖民者的利益，而且还将使诸如教团联合会主持埃尔南多·德拉·韦加、布尔戈斯城神父丰塞卡、皇家修道院院长孔奇略，以及国王众多宠臣和所有国务参事等王公大臣、社会名流均遭破产之灾。因为这些人均在美洲享有大量委托产业，均以印第安人的自由和生命为代价攫取巨额财富。在美洲活动的低级官员对待印第安人尤为凶残，因为只有如此，他们才能取得主子的欢心，并从他们那里得到一些残羹剩饭，这批无耻之徒到处捕捉可怜的印第安人以补充被他们不断折磨致死的无辜者，他们唯其主子之命是从，在宫廷中寻找靠山与敢于批评殖民制度的人作对。

历史学家埃雷拉在其史书中记载了西班牙二位摄政者对即将去美洲赴任的三名教士所做的训谕，还谈到摄政者把“印第安人保护者”之职委于巴托洛梅·德拉斯·卡萨斯硕士，月薪一百比索，任命苏亚索硕士为美洲留驻法官，也称训导官，以打击那些滥用职权之徒。西班牙摄政者制定这些措施全然是为了消除西班牙人在美洲的暴行。

三位钦差希望印第安奴隶获得自由，然而，为了使西班牙殖民者在没有印第安人的情况下仍能在殖民地生活下去，只好允许他们拥有非洲黑奴。这一措施把那些努力说服西斯内罗斯下令禁止买卖黑奴的人搞糊涂了，他们没有意识到禁止贩卖黑奴和刚刚颁布的未经允许不准向殖民地输入黑奴是两码事，后者意味着只要有钱就有权买到奴隶。这就给拉斯·卡萨斯的敌人抓到稻草，要他对这一错误决定负责。[①]

拉斯·卡萨斯遵命随三位哲罗姆会教士前往美洲。这是他第三次远航西印度。他们于 1516 年 11 月 11 日登船自塞维利亚港启程,于 12 月抵达西班牙岛。巴托洛梅教士以极大热情担负起"印第安人保护者"的职务,坚决执行摄政者的命令。这时,同去西印度的三位钦差在取消可恶的委托监护制的活动中遇阻,因为在马德里宫廷有不少大臣支持这里的委托监护制的卫护士。于是,他们便轻易放弃了自己的工作。拉斯·卡萨斯对此十分不满,当面对他们的渎职行为进行谴责,希望他们能鼓起勇气执行摄政者的训示。但是,他的话毫无作用。于是,他断然决定返回西班牙控告三位哲罗姆会教士软弱无能,要求重新委派坚定分子前往西印度。

巴托洛梅教士于 1517 年 5 月 7 日登船驶向西班牙。在此之前,西班牙岛的传教士曾一再挽留他,甚至借口他须留下处理紧要事务,把他截回圣多明各城。他们挽留他的原因,是由于他在此地的活动已初见成效。他对神圣事业的兢兢业业的态度使他当仁不让地成为真正的印第安人保护者。

不料此时,由于圣多明各的上诉法官为所欲为,引起库玛纳岛的印第安人于 1513 年起义,杀死了多明我会教士胡安·加尔塞斯。

情况是这样的:

弗朗西斯科·德科尔多瓦神父和胡安·加尔塞斯神父向印第

① 参见埃雷拉著《西印度通史》第二卷第一篇第三章第五、八、二十节。——原注

安人传布福音，印第安人也十分友善地对待这两位神父。几天后，一队西班牙人乘船来到海岸采集珍珠。一般情况下，印第安人一见西班牙人就会逃跑，但这次，因为他们相信两位神父会保护他们因此没有外逃。船长邀印第安酋长唐阿方索和他属下的主要头人吃晚饭，在传教士的赞同下，印第安酋长、其妻子及另外十六名家人，应邀赴宴。他们刚登上船，船长便下令扬帆向圣多明各岛驶去，把船上所有印第安人都变成了奴隶。正在他们要出卖这些印第安人的时候，几名上诉法官表示反对，说他们无权贩卖奴隶，原因是他们未经允许就猎捕印第安人。但是这些上诉法官却像处理走私品一样，把这些印第安人全部私分了。

印第安人得知他们的酋长和其家人出了事，便闹起来，他们谴责两位神父是西班牙人的同谋，威胁他们说，如果对如此无耻的背叛行为不表态，不设法在四个月内把带走的印第安人找回来，他们就把两位神父杀掉。几天后，从外面又开来一条船，此船在库玛纳暂停后还将驶向圣多明各。利用这一机会，两位神父向他们的上司佩德罗·德科尔多瓦汇报了上述情况并告之他们的处境不妙。

佩德罗·德科尔多瓦尽力利用他的权威帮助两位神父脱离险境，但是法官拒绝交出被他们私分的印第安奴隶。四个月后，印第安人仍不见他们的酋长及家人返回故里，于是采取行动，当着弗朗西科斯·德科尔多瓦的面，将胡安·加尔塞斯神父斩首，不久又把科尔多瓦神父也杀了。

这一血腥事件发生后不久，库玛纳全岛发生骚动，西班牙人以血的代价在该岛恢复了西班牙国王的权威。但直到 1517 年初，动荡不安的局面仍未平息。这年，拉斯·卡萨斯硕士在争取被捕的印第安人重获自由的努力失败后，便在西印度的当权者面前控告那些法官，以及其他将印第安人置于奴隶地位的行政官员，他言辞激昂、语如刀锋，表示要西印度的统治者对印第安人的不幸遭遇负责，并表示一定把要马德里的谕令执行到底。

殖民统治者当然不会容忍拉斯·卡萨斯如此“胆大妄为”，想方设法逼他离开圣多明各。而此时，拉斯·卡萨斯正想返回西班牙，对他们进行起诉。于是，殖民者又制造种种障碍阻挠他回西班牙，但是，拉斯·卡萨斯对此早已有所警觉。五月，他巧妙地摆脱了敌人的监视，登船向西班牙驶去。[①] 船刚一靠岸，拉斯·卡萨斯便直奔当时王宫所在地阿兰达—德杜埃罗，准备向西门内斯·德西斯内罗斯禀报在美洲发生的一切，但此时这位大臣正在生病，拉斯·卡萨斯只好前往巴利亚多利德等待即将到达该城的新国王。

与此同时，美洲的统治者深感德高望重、能力过人的神父对他们已构成巨大威胁，于是决定派他们的同伙贝尔纳迪诺·德曼萨内多前去西班牙与拉斯·卡萨斯周旋。[②]

国王卡洛斯五世在掌玺大臣胡安·德塞尔瓦休博士陪同下来到巴利亚多利德。这位大臣精通法律，如无此人，国王任何行政司法大事均不能作出决断。巴托洛梅教士向胡安·德塞尔瓦休禀报了美洲发生的一切。由于拉斯·卡萨斯神父学习过民法和教规，加上其言辞犀利，吸引了这位佛兰德出生的宫廷大臣，他认真听取了拉斯·卡萨斯的汇报，从没打断过他。这次会见，对巴托洛梅教

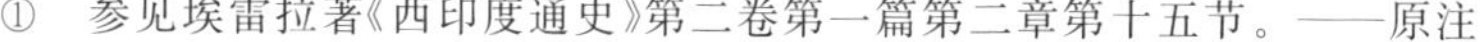

① 参见埃雷拉著《西印度通史》第二卷第一篇第二章第十五节。——原注

② 见上书第二卷第一篇第二章第十六节。——原注

士的事业起了至关重要的作用。[①]

拉斯·卡萨斯的对手贝尔纳迪诺·德曼萨内多代表他的同伙拜谒所有已故国王的诸位大臣(他们均是大委托监护主),特别和三位权力尤为显赫的大臣交换了意见,这三人是国务秘书大臣、皇家修道院院长洛佩·德孔奇略(此人以西印度大公证人的职务——这一职务与西印度钦差大臣的职务一样显赫——在新大陆搜刮到大量财富)、布尔戈斯的主教胡安·罗德里格斯·德丰塞卡和教团联合会的主持埃尔南多·德拉·韦加。掌玺大臣塞尔瓦休和所有其他陪同新国王的佛兰德人在离开佛兰德以前,已从国王那里获得从非洲向殖民地输入黑奴的种种自由。他们可以不必顾及西门内斯·德西斯内罗斯大臣和他的同僚阿德里亚诺对黑奴贸易曾经制定的种种限制。掌玺大臣相信黑人比印第安人更能吃苦耐劳,所以对贩奴活动采取宽容态度。

美洲的统治者也早已获悉新国王在离开佛兰德之前就制定了允许进行黑奴贸易的决定,因为在西班牙岛他们早就致函禀报过在矿山上黑人劳动远比印第安人强得多。他们深知要使不劳而获的西班牙人——这些人傲气十足,只能在西印度当主人,当委托监护主——继续从事获利极大的农业和采矿业,必须寻求新劳力,否则就不能把恢复印第安人自由与使欧洲人获利二者兼顾起来。美洲统治者当然也怕西班牙征服者和殖民者起来反对他们的法定权力,这一兆头当时已十分明显。因此,他们早已向国王表示需要向西印度输入西班牙农民和黑人奴隶,以开发美洲的土地,说这一措

① 参见埃雷拉著《西印度通史》第二卷第一篇第二章第十六节。——原注

施不仅能增加国家收入,同时也能改善印第安人的境遇。[①]

这一建议曾在宫廷中引起激烈反对,但却获得拥有大量印第安人的皇家修道院院长洛佩·德孔奇略的极力支持。塞尔瓦休到达西班牙后,便着手处理殖民地的一切事务,其中之一就是撤掉洛佩·德孔奇略西印度大公证人这一极为有利可图的职务,[②]割断了他大发横财的路,此事引起二人的决裂。塞尔瓦休比他的对手强大,孔奇略只得辞职,前往托莱多过隐居生活。他的继任者弗朗西斯科·德洛斯·科沃斯前往佛兰德为国王供职,后来又随国王回到西班牙。[③]

巴托洛梅神父从塞尔瓦休大臣处得知西印度统治者的建议后,马上向他陈述了自己对西印度事务的看法。塞尔瓦休之所以认真听取他的意见,大概也是为了从他的陈述中取得管理西印度的经验。谈话中,拉斯·卡萨斯了解到塞尔瓦休对西印度输送西班牙农民和非洲奴隶的态度,于是,他也提出相应建议,要求给定居西印度的西班牙人以买卖黑奴的权力,从而使身强力壮的黑人取代印第安人从事矿山劳动,他还建议向西印度输入相当数量的西班牙农民,但要给他们以优厚待遇。[④]

拉斯·卡萨斯的这一建议直到现在仍给反对派以借口,说他是将黑奴贸易首先引进美洲的罪魁祸首。但是无论从哪位作者的著述中,——更不要说从拉斯·卡萨斯支持者的著作中——我都

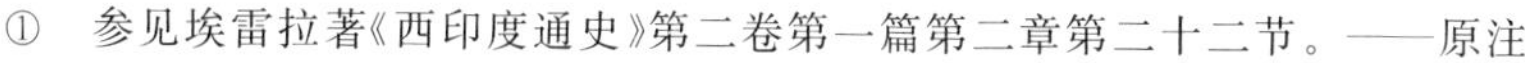

① 参见埃雷拉著《西印度通史》第二卷第一篇第二章第二十二节。——原注
② 见上书第一卷第一篇第七章第一节。——原注
③ 见上书第二卷第一篇第二章第十九节。——原注
④ 见上书第二卷第一篇第二章第二十节。——原注

没有发现上述建议是他首先提出的。之所以有人这样认为，可能因为历史学家埃雷拉把他提出建议的日期与殖民地统治者向国王提出建议的日期搞颠倒了。后者早就向国王表示：为增加国家和殖民者收入，并改善当地土著居民的生活条件，迫切需要向西印度输送西班牙农民和黑人奴隶，让他们从事农业劳动。[①] 他们的意见产生了效果。尽管埃雷拉说贝尔纳迪诺·德曼萨内多神父到达马德里时，国王已离开该地前往萨拉戈萨，但这些意见，早在那位神父启程之前已由经常往返于新大陆和西班牙之间的船只送到国王手里。可以肯定，拉斯·卡萨斯并不主张在美洲进行完全自由的黑奴贸易，而仅同意当权者把黑奴用于农业生产和矿山采矿以获得财富，这样一来，问题的侧重面就截然不同了。

另一方面，当时的宗教思想和道德舆论对80年来一直普遍存在的、由葡萄牙人开始，后来为西班牙人所仿效的黑奴贸易一直缄默不语，从无一人对此无理行为进行过谴责。对此，仅举一例可见一斑：拉斯·卡萨斯的建议虽被枢机主教阿德里亚诺批准，但后者由于德高望重，仍被拥上教皇的宝座，史书中也因其为人温和、仁慈、宽厚而多为他树碑立传。

1517年时，对人权和天然法则的观念和当代哲学所严格制定的原则有着很大差别。当时，道德可以支持的种种谬误，现在只有处事偏激之人或对人权国法全然无知的疯狂邪恶之徒才会赞允。

在西班牙国王批准西印度统治者的要求后，巴托洛梅·德拉斯·卡萨斯硕士准备在西班牙招募一批农民去西印度殖民，答应

① 参见埃雷拉著《西印度通史》第二卷第一篇第二章第二十二节。——原注

到达后给应募者某种特权和物质利益。他的要求得到批准。国王特命他为自己的布道神父，以鼓励他通过非暴力手段使印第安人归顺并皈依基督教。有位名叫巴里奥的人很同情他的事业，被任命为探险队队长，被受命前往卡斯蒂利亚招募农民，结果以失败告终，因为那里的军事统帅禁止移民。拉斯·卡萨斯却很幸运，他在安特克拉和安达卢西亚省的几个地方招募了200名农民，他们从家乡来到塞维利亚，然后准备前往圣多明各。虽然，拉斯·卡萨斯的这次计划最后也以失败告终，[①]但仅因此对他提出控告是不公平的。虽然在他与农民签订的协议中有一条讲到将给他们以土地所有权，因为他不知道该地的传教士早已把土地卖掉。拉斯·卡萨斯要求用国库资金维持这些农民一年的生活费用，但是，布尔戈斯的神父表示反对，后来又遭到印度等地事务委员会成员的拒绝（他们认为这一提案使政府负担过重）。由于这一情况的发生，使巴托洛梅教士无法实现其英明而仁慈的计划，于是他终陷于失败的境地。[②]

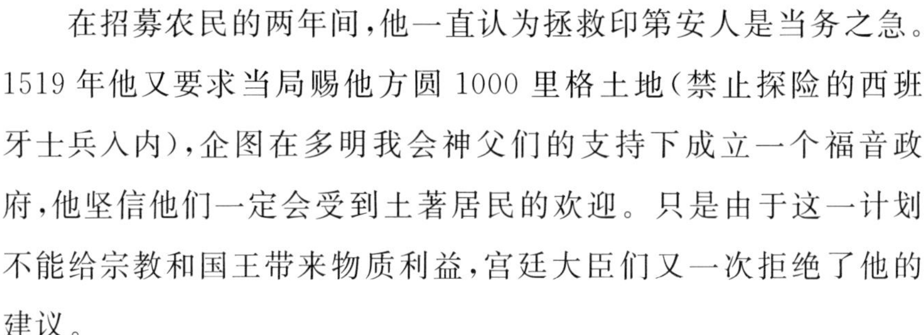

在招募农民的两年间，他一直认为拯救印第安人是当务之急。1519年他又要求当局赐他方圆1000里格土地（禁止探险的西班牙士兵入内），企图在多明我会神父们的支持下成立一个福音政府，他坚信他们一定会受到土著居民的欢迎。只是由于这一计划不能给宗教和国王带来物质利益，宫廷大臣们又一次拒绝了他的建议。

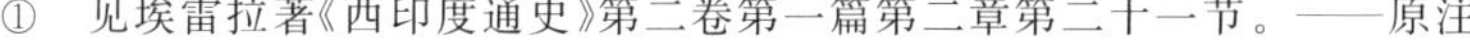

① 见埃雷拉著《西印度通史》第二卷第一篇第二章第二十一节。——原注

② 见上书第二卷第一篇第四章第二节。——原注

拉斯·卡萨斯看到西班牙大臣们虽然大都同情他的观点，但也只能批准有利可图的事业，于是，他再次要求批准他和另外经他挑选的50名传教士进入库玛纳地区。他们决定要着白衣，胸佩卡拉特拉瓦人一样的红十字架，袖带也用白色。这样，印第安人就不会把他们当成西班牙人而让他们留居该地。他表示，如果这一事业取得成功，——他有信心取得成功——一段时间以后，这50名传教士将会在教皇和国王的支持下建立一个宗教社会，那时他们仍要身着法衣，以和平的方式，从事使印第安人皈依天主教的事业。拉斯·卡萨斯认为如他的建议得以实现，就能得到如下物质利益：

在没有征服者的武装干涉下，如获陛下恩准，两年之后，生活在从阿鲁阿卡以西全长1000里格土地上的印第安人中，将会有10000人臣服于西班牙国王。第三年，该地区将给国库提供15000杜卡多的税收。而且逐年都会有所增加，到第十年可望向国王提供70000杜卡多收入。届时，他准备建立三个殖民点，每个殖民点都在易于防守之地修建城堡，并在土著居民村建立50个西班牙家庭。他还答应在不流血、不制造恐怖的情况下找到所有盛产金沙的河流，以利于开采黄金，增加国库收入。

拉斯·卡萨斯为实现诺言提出如下条件：

1.大陆的总督唐佩德罗·佩德拉里亚斯·达维拉不得插手这一事业；2.给他12名多明我会教士和若干方济各会教士进行传教并在他认为合适的地点建造修道院的权力；3.允许他在圣多明各挑选6名印第安亲信随他到各地活动；4.他有权支配在库玛纳沿海被劫持和俘虏后遣送到圣多明各和其他地区的印第安人，使他们得以重返自己的家园，以此获得当地居民的信任；5.这一地区向国王交纳贡赋的1/12应归他带去的50名传教士享有。他们有权将自己的财产分给其4名继承人;6.他们有权获得金马刺骑士的称号,其子嗣有权免交各种赋税,其中包括向国王交纳的赋税;7.金马刺骑士团成员死亡后,只有拉斯·卡萨斯本人有权择人补充;8.不许买卖、托管、赠送印第安人,因为他们均为自由人,是西班牙国王的直接臣民。

西班牙大臣们批准了拉斯·卡萨斯的建议,只是没有同意给他1000里格的土地,而仅给他从格鲁阿卡到圣玛尔塔共300里格的土地。国王指令印度等地事务委员会监督并保证实现巴托洛梅教士的建议,并满足他所提出的条件。国王批准计划的圣谕在巴塞罗那签发,但印度等事务委员会拖了很久才着手执行命令。拉斯·卡萨斯痛苦地意识到他的建议肯定在事务委员会内部遇到了阻力。此外,国王的布道士们也向事务委员会陈述了他们的意见,认为解放印第安人纯属过分之举,对拉斯·卡萨斯的建议能否行得通表示怀疑。此外,拉斯·卡萨斯神父还遭到其他一些人更为恶毒的诬蔑。他理直气壮地向国王进行申辩,并在印度等地事务委员会面前驳斥了反对派的观点,尤其是布尔戈斯的神父的观点。他的努力产生了效果,陛下委任一个以处事公正、言行谨慎、博学多才而著称的国务委员组成特别委员会,鼎力支持拉斯·卡萨斯的事业。

此时,几个西班牙人自美洲来到巴塞罗那,当他们获悉刚刚发生的事情以后,马上向新任掌玺大臣梅库里奥·德加蒂纳拉·德米兰表示,他们认为拉斯·卡萨斯的计划是无法实现的。他们的活动导致一系列国务会议的召开,巴托洛梅教士也应召参加了会

议。会上他有力批驳了那几个西班牙人为反对他而提出的30个论点。会上竟有人提出，如果给他们和拉斯·卡萨斯相同的条件，他们可以通过其他途径给国王赚更多的钱。

这时，达连教区的主教胡安·德克韦多来到巴塞罗那，局势变得更为严重起来，国王不得不亲自出席一次国务会议。在会议上，达连的主教、拉斯·卡萨斯和一位在圣多明各生活多年的方济各会教士都发了言。国王令达连区主教首先发言，他汇报了西印度的情况和印第安人的思想状态。在此之前，国王不断收到关于印第安人悲惨情况的汇报。克韦多断言，达连省的两个总督干了很多坏事。但他又说："印第安人是天生的奴隶，他们天性吝啬，很难从他们那里获得财富。"他还说，其他省区所发生的情况和他刚向国王禀报的完全一样。

掌玺大臣在国王授意下说道："巴托洛梅教士，陛下令阁下发言。"

拉斯·卡萨斯硕士开始发言。他说："至尊至上、强大无比的君主，臣是首批踏上新大陆众人中的一个，在该地从事多年活动。因此，臣亲眼目睹了那里所发生的一切，这正是臣决定返回西班牙，面陈陛下的原因。臣在基督徒中并非出类拔萃者，只因印第安人的不幸遭遇引起臣发自内心的同情，为向天主教国王面陈那里的情况，臣才断然离开西印度回国。臣抵达布拉森西亚后，曾恳请先王召见，先王仔细听取了臣的陈述后，令臣前往塞维利亚，等候新旨以铲除西印度诸多罪恶。但不幸先王驾崩于途，臣之请求与先王之新旨均化为泡影。先王仙逝后，臣又求助于两位摄政者，即西班牙大主教西门内斯·德西斯内罗斯和托尔托萨的大主教，他们均提出过很好的建议。陛下驾到后，臣又向陛下递交奏章，如果不是掌玺大臣亡故，此奏章定会产生良好效果。

“臣为实现自己的事业竭尽全力，呕心沥血，在所不辞，但是有些大臣，——他们全是道德和慈善的敌人——却千方百计想将臣之建议置于死地。与之相反，陛下却很仔细地听取了臣的禀报，并降旨禁止歹徒在西印度继续作恶。臣敢断言，无论哪个臣服于陛下的国家，即使是西班牙本土，其财产也赶不上新大陆的一小部分。臣向国王陈情，就是对国王的最大忠诚。到目前为止，其他大臣还不曾如此做过。但是，臣并非想以此向国王索求恩典和赏赐。因为作为地位卑微的庶民，臣本应服从吾真心爱戴的国王。另外，这次与其说臣在向陛下效劳，勿宁说臣在为上帝尽忠。因为上帝十分珍惜它的荣誉和其子民对它的深切敬仰，只有它的佑助，才能使臣之计划付诸实现。臣之所以夜以继日地工作，就是为了上帝的荣誉，也为向陛下提供一笔可观的财产和其它各种利益。臣再次向国王陛下重申：臣不接受任何世俗赏赐和恩典。如果以后臣直接或间接向陛下哪怕有半点此类暗示，都是对国王的欺骗和最大不忠。

“强大无比的君主，在各方面都很富有的印第安人，有能力接受天主教教义。一旦他们接受了教义和道德的开导，那就一定能像基督徒一样生活，并能为道德而献身。他们是天生的自由人，那里无论印第安百姓或头人都希望过自由的生活。但是，可敬的达连教区神父却认为他们是天生的奴隶。臣想其根据可能就是那位哲学家[1]在其《政治学》一书中开始讲的话。可是，臣对此等问题

① 指亚里士多德。——译者

的观点与神父截然相反。即使神父的看法有些道理,请不要忘记那位哲学家是个异教徒,此时正在地狱忍受煎熬,只有当他的学说符合神圣的教义和天主教习惯时,方可采纳。

“我们的宗教举世无双,适合于世界各个民族,它能把世界各民族的感情容纳于自己的胸怀,但它从不剥夺任何民族的自由,它根本不想以天生奴隶为借口把自由人变成奴隶,而神父先生的观点恰恰与之相反。值此陛下登基之际,乞望陛下明察。希陛下明确表示自己对此等观点的蔑视,以铲除诸多恶行。”

拉斯·卡萨斯发言后,方济各会教士发言,他说,如不采取措施禁止对印第安人滥施暴行,将严重影响王国利益。

掌玺大臣接着请海军统帅迭戈·哥伦布对印第安人的处境发表意见。他证实了教士和诸大臣关于在西印度管理不当的发言。他说,如国王不出面干涉,损失将是无法弥补的。他表示,在动荡中他的损失最大,因为他除靠美洲的税收维持全家的生计外,别无它源。因此不得不返回西班牙向国王陈情,请国王消除那里的不幸局面。

达连的神父再次要求发言。但会议只准他做书面发言。于是,他当即写了两篇报告,第一篇控告了达连的总督唐佩德罗·佩德拉亚里·达维拉;第二篇是神父为结束西印度的不幸局面所提的设想。总之,两篇报告对印第安人均有好处。可是当问到他对拉斯·卡萨斯的建议持何看法时,他却说,这建议根本不值得大臣们去看,因为目前国王还没有对西印度问题作出任何断然决定。会后克韦多神父离开巴塞罗那前往拉科鲁尼亚去参加另一个国务会议。[①]

巴托洛梅教士为实现其事业,在国王周围努力周旋,开展各种活动,终于如愿以偿,得到他为实现自己的计划所需的从帕里亚到圣玛尔塔的300里格土地。1520年5月19日在签署了委派书后,拉斯·卡萨斯神父前往塞维利亚,与应招农民一起,准备从该地起航。塞维利亚与目前的加的斯港一样,在当时是个重要的贸易城市,[②]拉斯·卡萨斯以个人名义又在该城争取到一笔贷款。

1520年拉斯·卡萨斯从西班牙出发,开始对美洲的第四次航行。他在波多黎各的圣胡安城登陆,此时他碰到预想不到的困难。一名叫阿隆索·德奥列塔的西班牙人——他不是那个和他同名的征服者,但可能是他的儿子或侄子——对印第安人犯下了严重罪行:这个印第安人的死敌从库巴瓜岛来到库玛纳采集珍珠,他把两名酋长和一些印第安百姓骗到船上,运往其它地方当作奴隶卖掉。这一欺骗行为引起了骚乱。库玛纳、卡里亚蒂、内韦里、乌纳里、塔赫雷斯、奇里比奇、马拉卡纳和省区其它地方的印第安人都行动起来,攻占了奇里比奇的修道院,并将该修道院付之一炬,与此同时,又杀害了一名教士,并开始对其它教士进行迫害,幸亏这些传教士找到一条小船,纷纷登船逃跑,才保住了性命。

圣多明各的权威机构皇家检审庭和后来才返回西印度的权威人士海军统帅迭戈·哥伦布决定派贡萨洛·德奥坎波队长前去镇压,这样一来,使拉斯·卡萨斯全部计划都成泡影。他本想依靠桑

① 参见埃雷拉著《西印度通史》第二卷第一篇第一章第二—五节。——原注

② 见上书第二卷第一篇第九章第八节。——原注

费和奇里比奇修道院的多明我会和方济各会教士开展工作,然而那两个修道院业已成为废墟。

为表示他实现诺言的决心,他向奥坎波队长拿出委派书和证权书,以此作为阻止其进入该地的依据,因为自从那时起该地区的管辖权已归他所有。他向队长表示,只要他和其他教士一声令下,全区就会恢复平静。奥坎波对他说,他不能不执行上司的命令。另外,在骚乱的情况下,拉斯·卡萨斯也不可能实施其殖民计划。于是,巴托洛梅教士登船前往圣多明各,向海军统帅和皇家检审庭法官出示权力证书,告诉他们,从西班牙来的农民正在波多黎各等他,他请求当权者把贡萨洛·德奥坎波撤回来,因为此人正在那里惩罚印第安起义者,企图用武力重建国王的权威。[①]

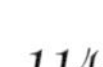

圣多明各的当权者正对如何按政府指示帮助拉斯·卡萨斯实现计划展开讨论,最后一致决定,同他联合起来共同采集珍珠,开发矿藏和经营农场,以后把利润分成二十四份,六份归国库,六份归巴托洛梅教士和五十名金马刺骑士,三份归海军统帅,四份归皇家检审庭法官,三份归财库司库会计和检查员,二份归西印度会议,但是受益单位和个人应负担上述事业的一切费用。

为此,由奥坎波的120名精选士兵组成的船队划归拉斯·卡萨斯指挥。船队装满粮食,还带有大量小礼品准备馈赠印第安人,以取得他们的信任,帮助其获得黄金和珍珠。随后,西印度的当权者允许拉斯·卡萨斯登上摩纳岛获取1100担木薯以供自用。一切准备就绪后,拉斯·卡萨斯于1512年6月驶离圣多明各前往波

① 参见埃雷拉著《西印度通史》第二卷第一篇第九章第八、九、十节。——原注

多黎各的圣胡安城去接在该地等候的 200 名农民。最后，他们一起登上位于大陆的托莱多城。此城为贡萨洛·德奥坎波所建，当他领兵一路平定骚乱之后也来到此城。他表示服从拉斯·卡萨斯的领导。并想继续统帅他那 120 名精选士兵。但对拉斯·卡萨斯的计划却毫无兴趣。拉斯·卡萨斯并不具备足够力量使奥坎波服从自己领导。不久，果然，几乎全城人口都驶往圣多明各。托莱多城顿时冷落起来，只剩下巴托洛梅教士的友人、与他同来的农民、受雇前来探险的年轻人和在奇里比奇修道院幸免于难的方济各会教士(后者在新居民区又重建了一个修道院)。

队长奥坎波在返回圣多明各之前，曾表示他对自己不得不离开拉斯·卡萨斯感到遗憾，因为他比其他人更能帮助他克服困难、实现计划。

这一挫折并没使巴托洛梅教士消沉、气馁，他派人修建仓库储存粮食和所有他带来准备与印第安人交换的东西，接着又忙于在库玛纳波河口建造一个小城堡以保护印第安人免受西班牙人的侵犯。城堡建成后，他通过托莱多方济各会教士和一位颇有权势的印第安女人唐娜·玛丽亚的帮助，开始与印第安人建立联系。他向印第安人宣布，他受西班牙国王之令前来保护他们免遭别人欺辱；所有印第安人都有权获得各种应得权力，尤其有权享有宗教的恩泽，这对他们最为需要；此外，他们还将受到真心实意的教导。但是，正当拉斯·卡萨斯的努力即将收到成效之时，库巴瓜的西班牙人破坏了城堡，托莱多城和附近居民受到了他们的敌人，即西班牙人的威胁。(西班牙人只需航行 7 海里就能上岸打家劫舍。)拉斯·卡萨斯为切断库巴瓜西班牙人与库玛纳印第安人的联系所做的努力均告失败。尽管他向总督和圣多明各岛其他权威人士多次提出禁止西班牙人进行骚扰，但毫无结果。在与托莱多教士研究之后，他决定去圣多明各了解海军统帅和皇家检审庭法官如何解决库巴瓜西班牙人的不法行为。临走，他委托弗朗西斯科・德索托在其离开托莱多时执政。他明确指示德索托，无论如何也不能动用港内的两艘船只，因为那是在情况紧急时专门为营救西班牙人或保存口粮和其它物资用的。不幸的是德索托并没听从上司的指示，拉斯・卡萨斯刚走，这位托莱多的代理人便利用这一机会乘那两艘船去与印第安人换取黄金和珍珠，将城市及居民置于即将降临的危难之中。为使读者更清楚了解这一事件的经过，我不得不先叙述一下与此相关的背景：

库玛纳的印第安人嗜饮西班牙酒，库巴瓜的殖民者便以酒引诱印第安人交出大量黄金、珍珠和奴隶。为此，库玛纳的印第安人常到腹地捉拿儿童与库巴瓜的西班牙人换酒，自从在库玛纳波河河口建立城堡后，很大程度上阻止了这种交易的进行。无疑，这不仅触怒了西班牙人，也触怒了印第安人，于是，印第安人决定捣毁城堡，杀掉方济各会教士。本来，如果库巴瓜的西班牙人停止在大陆沿海地带进行这种交易，方济各会教士仍会受到印第安人的敬重和爱戴，托莱多城会有更多的人前去定居，城市设施也会日臻完善，然而现在情况却突然恶化。

密谋在拉斯・卡萨斯离城期间加紧进行，当弗朗西斯科・德索托命令拉斯・卡萨斯为退守而备的两艘船离港去搜刮黄金和珍珠时，印第安人便乘虚而入，实施其预谋的计划。

教士们在灾难发生前 3 天预感到事情不妙，决定和其他西班牙人乘一艘准备离岸去搜刮黄金、珍珠和进行奴隶交易的船只逃离该地，但遭到奥坎波队长的拒绝，于是，只好准备死守城堡。不想当时火药受潮不能使用，第二天正当他们把火药摊开晾晒时，一批印第安人冲来，烧毁城堡并杀了迪奥尼西奥教士，弗朗西斯科·德索托也身负重伤，3 天后丧命。印第安人以为所有西班牙人都躲在城堡里，因此忙于焚烧城堡而没有去海岸搜寻，西班牙人乘机在离阿拉亚角滩地 2 里格处找到一只小船匆忙逃离大陆，否则一个也不能幸免。

与此同时，拉斯·卡萨斯也遭到不测：航行间舵手迷路，将圣多明各与波多黎各两岛搞混，因此船超越圣多明各 80 里格来到一个叫亚吉莫的海域，他们只好在惊涛骇浪中挣扎了两个月。

帆船最后只好在古巴停泊，巴托洛梅教士深入内地 9 里格，在一个叫亚瓜那的地方准备修整几天，思考下一步行动计划。这时，托莱多的教士和西班牙人均已抵达圣多明各。库巴瓜的西班牙人也随后到达。(他们也触犯了印第安人，为了进行报复，印第安人也向他们发动了进攻。)在圣多明各谁也不知道巴托洛梅教士的下落，于是便有流言说他已被印第安人杀死。拉斯·卡萨斯在驶向圣多明各的路上获悉西班牙人已到达该岛，他一上岛便向海军统帅、检审庭法官和其他高级人士讲述了他驶离大陆后的遭遇。当权者立即决定派兵再次进行讨伐，严惩印第安人，重新占领大陆沿岸地带和岛屿。至于拉斯·卡萨斯历尽艰辛奔赴圣多明各所要解决的问题，尽管几个月来，他不停地周旋，当权者始终不予理睬。在此困难时刻，他甚至连最基本的物质需要都得不到满足，幸亏这位印第安人的保护者在多明我会教士中得到了安慰。他和教士们建立了密切联系，他所在的修道院院长多明戈·德贝坦索斯神父让他穿上多明我会教服，请他参加各种教务活动。巴托洛梅教士很自然地把自己的命运和这些可尊敬的、被他视为兄弟的教士们的命运联系起来。埃雷拉说此事发生于1521年，当时拉斯·卡萨斯47岁。但与他同时代的史学家多米尼克·雷梅萨尔断言此事发生于1523年。贡萨洛·费尔南德斯·德奥维多和弗朗西斯科·罗佩斯·德戈梅拉在其执政期间对拉斯·卡萨斯的活动也多有记叙，但是错误百出。[①]

请问，对于一个突然遇到不测而无法实现计划的诚实忠厚的教士，还有什么可责备的呢？把200名农民的逃散归罪于他是公平的吗？难道库巴瓜的西班牙人的违法行为也要他来负责吗？

西班牙人的行为以及阿隆索·德奥赫达的不义之举确实伤害了印第安人，迫使他们起而反抗。当贡萨洛·德奥坎波为替西班牙人报仇而给库玛纳沿海居民套上新枷锁时，他们除引起印第安人的反感和仇视外，还能指望得到什么呢？一系列的事件大大加深了印第安人的疑虑，因此产生诸多冲突，这是拉斯·卡萨斯当时没料到的。消除印第安人抵触情绪的唯一办法是应更加和蔼地对待他们，认真履行许下的诺言，并与他们谨慎交往，不惊吓他们，这样一定能使他们顺从，恢复原来的秩序。但是，弗朗西斯科·德索托则反其道而行之。正当印第安人受到迫害准备报复之时，他却打发两艘船去搜刮财宝，以致遭到不测，难道这也要拉斯·卡萨斯负责吗？仅仅因此就能断言他的观点谬误和心怀叵测吗？

① 参见埃雷拉著《西印度通史》第三卷第一篇第二章第三、四、五节。——原注

拉斯·卡萨斯加入多明我会时，已年近半百，他本可以在修道院过宁静的修道生活，在历经坎坷和多次远程跋涉之后，无论体力和精神都需要安静休养。但是，他把印第安人视作自己的子女，不忍眼看他们惨遭侮辱和暴行而无动于衷，他一直把实现自己的神圣事业和对那些企图把教义和铁血同时输进西印度的暴徒提出控告作为自己的职责。这个时期他撰写了“De unico vocationis modo”[①]的专题著作，以此向西班牙宫廷和美洲的当权者表明除和平、仁慈地对待印第安人外，别无他路。

1525年尼加拉瓜城成为主教辖区首府，唐迭戈·阿尔瓦雷斯·德奥索里奥就任该区主教并获印第安人保护者职务。这位可敬的主教真诚希望拉斯·卡萨斯助他一臂之力。后者在得到其上司、圣多明各教区主教的允许，或正确地说，在其授意下与德奥索里奥一起迁往尼加拉瓜，并立即和其他教士一起动手在该城修建一所多明我会修道院。修道院成员在省区卓有成效地进行了传播福音的活动，部分地铲除了多年来西班牙人对印第安人所犯下的暴行。[②] 后来，巴托洛梅教士迁往危地马拉。历史学家托克马达在叙述尤卡坦半岛的历史时说，胡安·希内斯·德塞普尔韦达“本应明白在该地印第安人从没触犯过任何西班牙人，相反，总是首先受到西班牙人欺辱和抢劫，即使在这种情况下他们也从没触犯过天主教传教士，因为他们明白教士不同于世俗西班牙人，在其追求的目标上也与他们截然不同。此外，绝大多数印第安人生性和平，

① 拉丁语：“执行使命的唯一方式”。——译者

② 参见埃雷拉著《西印度通史》第四卷第一篇第一章第九节。——原注

为人善良。可敬的塞普尔韦达博士也应知道，派一些凶残暴徒为传教士开路是一种既不合情理也不谨慎的做法，因为暴徒所到之处为所欲为，干尽坏事，使当地居民惊恐不安。传教士们应在离西班牙居住地不远的地区通过他们信任的印第安人进行传教，就像我们圣多明各教士在危地马拉的做法那样。我们给那里带去了和平，并使各省区居民皈依了天主教。（上帝保佑，那里有浓厚的基督教气氛，遗憾的是可敬的博士对此一无所知。）本来，由于西班牙人所发动的战争，这些省区局势动荡不安，后来善良的路易斯教士首先进入该地，使那里变得井井有条，他后来在佛罗里达被杀。可敬的塞普尔韦达博士便以此大作文章，但他并没捞到一根稻草，因为即使印第安人把多明我会和巴尔纳伯会的所有教士全部杀光，也不能说明他们反印第安人的行为是正确的。不久在路易斯教士被挟持的港口又驶进四艘载满暴徒的船只，他们无恶不作，使1000里格的土地上的百姓惊恐万分，因此印第安人有充足理由和西班牙人交战，直到西班牙人和基督徒受审之日为止。开始，印第安人不了解传教士，也根本没见过他们，不知他们就是福音的传播者。因为传教士经常与暴徒在一起，他们的姿态、服装、胡子和语言都一样，连吃、喝、谈、笑的样子也别无二致。如果水手给路易斯教士戴上圣像送到我们这个地方，印第安人一定不会杀他的"。拉斯·卡萨斯在给西班牙宫廷的奏章中也曾提到过此事。[①]

① 参见载于《短评、信札和呈请书》一书中的《与希内斯·德塞普尔韦达的分歧》一文。

J. 佩雷斯·德图德拉编纂的《西班牙作者图书馆丛书》第五卷 p. 346。——原注巴托洛梅教士还在墨西哥的一些省区从事传播福音的活动。有一次,他在方济各会教士安德烈斯·德奥尔莫斯处看到用墨西哥土语写的一本书,作者是一个印第安偶像崇拜者。书的内容是母亲告诫女儿如何保持贞操。胡安·德托克马达在其所著的《新西班牙史》中谈到他也见过此书,并说书中很多地方使用了比拟手法,因此,无论是拉斯·卡萨斯还是奥而莫斯或托克马达都无法确切地将其全部译成西班牙语。

一些史学家断言,拉斯·卡萨斯曾于1530年重返西班牙请求国王下令禁此征服者奴役秘鲁印第安人。这次,国王不仅满足了他的要求而且还制定了其他有利于印第安人的法令。这些法令虽然早已颁布,且有很多人多次提醒查尔卡斯的侯爵弗朗西斯科·皮萨罗执行法令,但他对此置若罔闻,直到1531年仍在秘鲁胡作非为。有关秘鲁的其他法令也于1531年埃尔南多·皮萨罗回国后才公布。托克马达认为虽然胡安·德墨西哥教士1532年才动身回国,但他早在启程之前已和其他教士联名致函国王,请求国王禁止将印第安人沦为奴隶。这一主张他还当面向恰帕斯省主教巴托洛梅·德拉斯·卡萨斯提到过。1530年德·墨西哥主教在回国前还收到过王后的回信。[①]

可以肯定巴托洛梅教士于1533年由西班牙第五次回到西印度的圣多明各。在该岛他对起义的恩里克酋长进行了耐心说服,致使全岛恢复了和平。在此之前,圣多明各的当权者及其部下对

① 参见J.托克马达著《西印度的君主制》,第三卷第一篇第十九章第十三节。——原注

印第安人犯下了无数暴行，恩里克酋长率部起义，对西班牙人进行报复。拉斯·卡萨斯得知此事，前去看望他的这位好友，对他进行多次劝说，终于恢复了该岛的和平。随后，拉斯·卡萨斯把印第安人带到阿苏阿城，向他们传播福音，给他们行洗礼，讲弥撒、吃圣餐。当印第安人保证如以后不再受侵犯，绝不再反抗后，他才放心离去。

圣多明各皇家检审庭的法官对巴托洛梅神父的这一活动大动肝火，他们担心拉斯·卡萨斯对印第安人过分仁慈会损害他们的殖民体制。拉斯·卡萨斯以大无畏的气概，勇敢地驳斥了他们的观点。西印度的其他当权者得知和平业已恢复，对他则表示满意，同时又因过去对他态度过于生硬而感到羞愧。[①]

事过不久，拉斯·卡萨斯去秘鲁进行了一次旅行。此时西班牙政府已经颁布恢复印第安人自由的法令，但西班牙人在那里依然胡作非为，百姓仍处于水深火热之中，见此惨景，拉斯·卡萨斯再也不想在西班牙岛过宁静的生活了。

1536年在国王特别授权下，拉斯·卡萨斯从秘鲁到达墨西哥。不久，又与唐迭戈·阿尔瓦雷斯·德奥索里奥神父一起，前往尼加拉瓜及邻近地区传播福音。当地总督唐罗德里克·德孔特雷拉斯，此时正准备出兵打劫，巴托洛梅教士极力劝阻，他说，国王只令他前往腹地进行探险和传教，因此他无权在该地活动。神父言辞慷慨，态度真挚，深深地感动了总督的士兵和其他西班牙人，于

① 参见托克马达著《西印度的君主制》第二卷第一篇第十三章第三十六节。——原注

是他们都纷纷离开总督。为此二人进行了严肃而又激烈的辩论。总督先发制人，到处宣传拉斯·卡萨斯不守本分，煽动百姓叛乱。此时，经常在他俩之间进行调解的奥索里奥主教去世，总督带领50名士兵，决定再次扫荡。然而士兵对这一举动并不积极，只是被动地执行命令，况且当时禁止劫掠奴役印第安人的法令业已公布，所以孔特雷拉斯的行动以失败告终。但他仍致函国王，控告拉斯·卡萨斯图谋不轨，煽动叛乱，制造不和。于是，英勇无畏的拉斯·卡萨斯神父，以印第安人的利益为重，不怕任何艰难险阻，毅然决定再返西班牙向国王陈情，为受其保护的印第安人的自由奔走呼吁。①

没有确切的资料说明拉斯·卡萨斯神父第六次返回美洲的日期，很可能是1537年。该年佩德罗·安苏雷斯·德坎波雷东把西班牙国王的信函带到美洲，其内容是要求恢复秘鲁和新西班牙印第安人的自由，执行有利于宗教进步和保证传教士安全的法令。②

1536年，拉斯·卡萨斯在西班牙获知圣多明各的多明我会修道院院长贝尔纳迪诺·德米纳亚访问罗马，目的是在教皇面前为征服者和委托监护主的利益辩护，企图说服教皇承认印第安人智力不足，仍属于动物一类，因此无法接受基督精神，只能把他们当奴隶去干与动物相同的劳动。但这次访问的结果却适得其反，对西印度的管理和传教事业反而产生了积极影响。保罗三世对西印度事务颁发了一系列圣谕，其中之一公布于1537年7月1日，内

① 参见埃雷拉著《西印度通史》第五卷第一篇第六章第十三节。——原注

② 见上书第三卷第一篇第二十章第三十节。——原注

容是关于在进行圣礼和执行戒律时所必须履行的仪式。另一圣谕颁发于同年7月9日，教皇在圣谕中写道："某些凶恶的使者为实现其贪得无厌之愿望，满足其邪恶欲念，竟敢喋喋不休大放厥词，无端宣布应像对待牲畜一样对待东印度和西印度人以及我们最近发现的其他人种，迫使他们向欧洲人屈服，替欧洲人效劳，甚至硬说彼等不具备接受我神圣宗教之能力，把彼等置于最可怕的奴役地位残酷地压迫、折磨他们，致使彼等过着牛马不如的生活。我等在世间替上帝行道——尽管我等有愧于如此重要之使命。因此，当在力所能及之范围内努力奋斗，找到那些离群羔羊，将之归还上帝，以此完成上帝赐予我等之使命。印第安人具备人类之一切特点，全然能够接受基督教义，实际说明，彼等业以极大热忱接受了教义。为铲除西印度的诸多暴行，我等行使上帝赋予之权力，在此庄重宣布：尽管印第安人和基督徒即将发现之其他百姓尚不信仰基督教，也绝不能因此剥夺彼等之自由及财产，把其置于奴隶地位。相反，应向彼等传播福音，以圣洁之生活为榜样引导彼等接受我神圣宗教。为此，特布此令。凡违反此令之一切规定均当宣布无效。"

1537年巴托洛梅教士第六次来到美洲后，住在墨西哥，与副王安东尼奥·门多萨建立了深厚友谊，因为在使印第安人皈依天主教方面副王也主张采取温和慈善的态度，反对像当权者那样，动用武力。1539年两人商议派方济各会总代表马科·尼萨神父从事发现新陆地并在西博拉及附近地区进行传教。此次全然以和平方式进行的探险成了新加利西亚总督弗朗西斯科·贝拉斯科斯·德科罗纳多和埃尔南多·德阿拉尔孔沿布艾纳希亚河进行探险的先导。①

门多萨和拉斯·卡萨斯通力合作，相互支持，后者受副王之命，曾与罗德里格·德安德拉德，以及另外三名多米尼克会教士一起进行了另外几次和平探险，并取得了成功，与之相反，先遣官唐佩德罗·德阿尔瓦拉多于1535年刚到危地马拉便决定对这个国家进行武装探险，当地神父和传教士对此深感忧虑。他们催促巴托洛梅教士返回西班牙，以美洲诸神父的名义恳请国王派遣更多的教士前来西印度，并对有关印第安人的过时法令进行修改，尤其要取消那个禁止总督和副王派遣教士从事发现新陆地的法令，最后请求国王提出治理美洲的新方案。②

拉斯·卡萨斯神父不畏艰辛，于1539年和罗德里格·德安德拉德神父一起回到西班牙。当时卡洛斯五世不在国内，但二位神父受到国务会议的热情接待。他俩在国内广为宣传自己的主张，三年后终于导致了在美洲建立完美的管理印第安人的新体制。（如果忠实地执行这一体制的话，从1543年起定会彻底改变美洲面貌。）此外，在西印度还颁布了几项有利于墨西哥副王和各省总督的新法令。史学家埃雷拉的著作中也提到过这些法令。

拉斯·卡萨斯在西班牙等候国王期间，撰写了一系列关于印第安人的著作，主要有：

1.《论西班牙国王为统治西印度所应采取的方法，以及使该地居民皈依宗教的唯一合法手段》。这部著作还以《De unico

① 参见埃雷拉著《西印度通史》第五卷第一篇第五章第五节。——原注

② 见上书第六卷第一篇第一章第八节。——原注

vocationis modo》[1]为书名用拉丁文出版，全书约六十三页。

2.《论西班牙国王应采取合法的和基督教的方式对西印度进行统治》，全书六十页，从没出版，我们将其摘要编入《第八条方案》一书中。

3.《关于传播福音的问题》，此部著作也没出版，但其精神已融汇于其他著作中，书中主要说明应以和平的、非暴力的方式传播上帝旨意。

4.《论国王的权力，即国王是否有权使城乡居民脱离君主政体，把他们变成自己特殊臣民或其它身份的居民》这部著作极为重要，它是用拉丁文写成的，笔者将其译成法语后，编入拉斯·卡萨斯选集。唐托马斯·塔马约·德巴尔加斯对此著作倍加赞扬，但在西班牙和法国却很少有人知道。

5.《论财宝》，共九十二页，用拉丁文写成，笔者没能拜读此书，据悉作者在书中论述了埋在印第安人坟墓中的黄金和其它财富。其内容在埃雷拉的史书中有所反映。

6.《西印度毁灭述略》，此书 1541 年于巴伦西亚开始动笔，1542 年完成。作者亲自将此书手抄本上呈卡洛斯五世。1547 年又将另一抄本递交阿斯图里亚斯的亲王费利佩(在其父王出国期间，亲王执掌全国政要)。在后一抄本中增补了一篇于 1546 年写成的附录作为全书的结束。1552 年为了使亲王(当时是已在全国执政的费利佩二世)再次了解该书内容，作者在塞维利亚将此书正式出版。

---

① 见 p.117。注①——译者

1542年卡洛斯五世参加国务会议，拉斯·卡萨斯在此会上做了关于西印度情况的发言，国王还垂阅了他的著作。后来在巴利亚多利德召开的主教、国务委员、学者、法学家和神学家的会议上，与会各位均赞同巴托洛梅教士所阐述的思想，并向国王提出关于治理西印度的最佳方案，方案的基本观点和这位可敬的印第安人保护者是一致的。卡洛斯五世在巴塞罗那将该方案作为法令签发。1543年11月在马德里正式公布。在埃雷拉著的《西印度通史》中可以见到此法令的摘录。[①]

于此之前，卡洛斯五世曾令巴托洛梅教士公布其治理西印度最佳方案。拉斯·卡萨斯遵命撰写了至今仍保存在印度等地事务委员会档案馆里的专题论文，标题是《关于铲除西印度恶行的方案》，作者只印刷发行了其中的第八条，因为它是全篇的核心部分。在此条方案中，作者表示无论在任何情况下，都绝不允许以任何借口奴役顺从的印第安人；他要求承认印第安人是自由人，有独立的人格；殖民者应归还他们原来的财产；法官、总督应像保护西班牙人那样保护他们。虽然巴利亚多利德会议的与会成员均批准了拉斯·卡萨斯的建议，他的著作也被当做拟定新法令的基础，而且这一法令已经国王批准，但是在西印度却从来没有得到贯彻。

在此前后，哈利斯科（现今的新加利西亚）的印第安人举事起义，墨西哥副王唐安东尼奥·德门多萨以武力平息了这次动乱。按指令他本可以把起义者当成奴隶卖掉，但他认为，为了国王的利

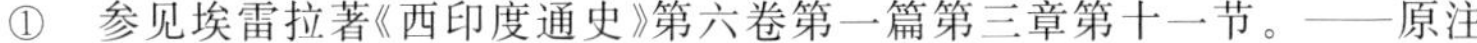

① 参见埃雷拉著《西印度通史》第六卷第一篇第三章第十一节。——原注

益最好赦免他们，于是只令他们运送军火物资。动乱平息后，便把他们全部遣散回乡。[①] 与印第安人的关系比门多萨更为密切的拉斯·卡萨斯在西班牙了解到这一事件的详情后，立即撰写了《论1541年新西班牙副王唐安东尼奥·德门多萨所领导的对哈利斯科的第二次征服是否应将印第安人沦为奴隶的问题》。

拉斯·卡萨斯给卡洛斯五世留下极为深刻的印象，这位君主再也不怀疑印第安人确实是贪婪的西班牙人的牺牲品。于是他令印度等地事务委员会调查政府官员在西印度的表现。这一措施终于暴露了政府官员的许多罪行。一些人因此被革职，另一些人被罚款。米戈尔·迪亚斯·德阿门达里斯硕士率一委员会前往美洲监督新法令的实施。此外，由于拉斯·卡萨斯的努力，国王还做出了坚决保护印第安人免受暴徒之害的其它旨令，受到多明我会教士的全力支持。

当时秘鲁广大地区已置于皮萨罗、阿尔马格罗及其同伙的血腥统治之下。不久，征服者之间发生内讧，秘鲁又成了他们的角斗场。该地区只有一个主教，教区首府设在利马城。西班牙政府决定在库斯科再设另一教区。卡洛斯五世为了对巴托洛梅教士的品质和忠诚进行嘉奖，任命他为库斯科教区第一任主教。拉斯·卡萨斯明白，库斯科教区因其地域辽阔，物产丰富定会成为新大陆最富饶的教区之一。然而也正因如此他拒绝赴任。后来只好改派胡安·德索拉诺神父前往该地就职。[②]

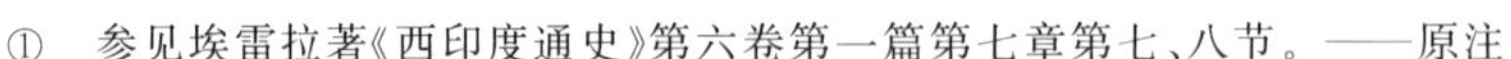

① 参见埃雷拉著《西印度通史》第六卷第一篇第七章第七、八节。——原注

② 见上书第六卷第一篇第七章第七节。——原注

后来，西班牙政府对所发现并征服地区的教区进行调整，认为应在恰帕斯省建立一个新教区以独立于新西班牙教区。那里是一个没有矿藏，不产珍珠的贫瘠之地，而且缺乏贸易往来，需要国库提供资金以维持教务费用。因此，很少有人愿意接受该教区主教职务，尤其在西班牙人对该地百姓犯下暴行后，一个主教要在那里传教就需有极大勇气承担各种风险。1544 年，当国王询问年已七旬的巴托洛梅教士是否愿意就任该教区神父的职务时，他作了肯定的回答，以此表明去年他拒绝接受库斯科主教职务，并非是他畏惧远途跋涉，更非害怕那里的艰苦生活。方济各会教士胡安·德托克马达在评论拉斯·卡萨斯时说：“恰帕斯教区第一任主教是多明我会教士巴托洛梅·德拉斯·卡萨斯。西印度各王国和各省区所有印第安人都对他怀有感激之情，因为多年来，他为保护印第安人，呕心沥血，在国王面前做了大量工作。”

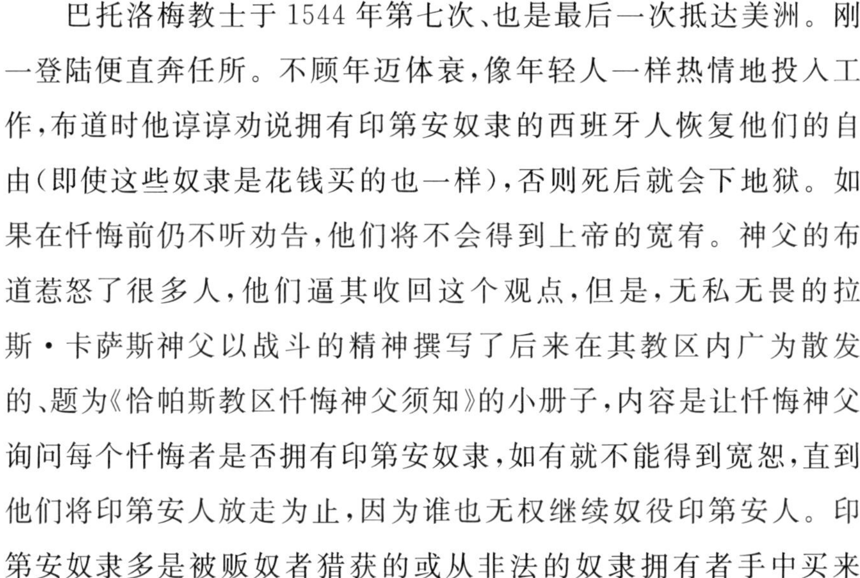

巴托洛梅教士于 1544 年第七次、也是最后一次抵达美洲。刚一登陆便直奔任所。不顾年迈体衰，像年轻人一样热情地投入工作，布道时他谆谆劝说拥有印第安奴隶的西班牙人恢复他们的自由（即使这些奴隶是花钱买的也一样），否则死后就会下地狱。如果在忏悔前仍不听劝告，他们将不会得到上帝的宽宥。神父的布道惹怒了很多人，他们逼其收回这个观点，但是，无私无畏的拉斯·卡萨斯神父以战斗的精神撰写了后来在其教区内广为散发的、题为《恰帕斯教区忏悔神父须知》的小册子，内容是让忏悔神父询问每个忏悔者是否拥有印第安奴隶，如有就不能得到宽恕，直到他们将印第安人放走为止，因为谁也无权继续奴役印第安人。印第安奴隶多是被贩奴者猎获的或从非法的奴隶拥有者手中买来的，因此只有放走他们才能彻底根除猎获奴隶的恶行。

恰帕斯教区主教的观点很快在新西班牙传播开来。由于这一观点与很多权势者的观点相反，后者便抬出神学家和法学家对他进行批驳。墨西哥法学教授唐巴托洛梅·弗里亚斯·阿尔沃诺斯博士便专为此事奔忙，并写下《论使印第安人皈依宗教并征服印第安人》的论文。[①] 据多明我会历史学家达维拉·帕迪利亚说，此人后来受到墨西哥宗教裁判所的制裁。

1543年卡洛斯五世下令在墨西哥城召开新西班牙主教会议，研究在各教区做好教务工作的措施。[②] 这次会议审查了拉斯·卡萨斯的著作，热情地肯定了他的学说和原则。此次会议却没有被纳入西班牙教务会议的议事日程，因为它不符合宗教常规，会议文件也没提请罗马教廷批准。但是，不管怎样，从与会者身份和会议辩论的主题可以看出，这次会议仍不失为一次真正的教务会议。由于会议未能形成任何决议，拉斯·卡萨斯向西印度最高会议寄去了他的《忏悔神父须知》一书。六名多明我会学识渊博、德高望重的神学大师审查并通过了这部著作。这些大师是：巴利亚多利德的圣格雷戈里奥学院神学教授卡林多、阿斯图里亚斯的亲王，后来的费利佩二世的恩师、托莱多的大主教巴托洛梅·卡兰萨·德米兰达神父、后来成为加纳利主教的梅尔乔·卡诺神父、阿尔卡拉-德埃雷纳雷斯的神学教授曼西奥斯·德克里斯托神父、卡洛斯五世的忏悔神父佩德罗·德索托马约尔神父和巴利亚多利德学院

① 参见达维拉·帕迪利亚著《墨西哥多明我会教士史》一卷，p. 103。——原注

② 参见埃雷拉著《西印度通史》第七卷第一篇第六章第七节。——原注

院长弗朗西斯科·德圣保罗神父。[1]

拉斯·卡萨斯有着为数众多、颇有权势的政敌。因为在抨击西班牙人的敲诈勒索、残酷屠杀(西班牙人就是靠此发的财)时,他的观点最明确,态度最严峻。西班牙人的恶行引起当地人民多次暴动,连恰帕斯城都发生过。然而西班牙人却在国王面前控告拉斯·卡萨斯主教,说他违反誓言,对国王不忠;还说他到处散布陛下自己占有并批准其臣民也在美洲占有土地是不合法的。他们一口咬定神父积极活动的目的是煽动叛乱,制造巨大灾难。这一责难,终使国王和费利佩亲王(国王不在期间他掌管全国政务)也对巴托洛梅教士失去敬慕之情。权势人物的责难是彻头彻尾的诬蔑,因为在神父的所有著作中,没有一篇证明他坚决反对西班牙国王对美洲土地的拥有权。但他确实反对通过铁血手段占有美洲土地。几年前,当他向国王呈递《西印度毁灭述略》一书时,他曾说道:"强大无比的君主,上帝和教会赐卡斯蒂利亚国王与王后以位于西印度的诸王国,并授其委托监护权,恩准二位陛下对上述诸国加以管理和统治,使其宗教精神得以发扬,世俗利益取得进展,使其人民皈依我主基督。然而,在那众多辽阔的王国中,无耻之徒肆意妄为,无恶不作,其程度达到难以想象和无以复加的地步。臣巴托洛梅·德拉斯·卡萨斯积五十余年之经验,对他们的所作所为耳闻目睹,为良心所驱,不得不向殿下禀报彼等最为突出的'丰功伟绩',……"

不久,西班牙国王调他回国,拉斯·卡萨斯毫不迟疑地服从了

① 参见拉斯·卡萨斯著《与塞普尔维达之分歧》第十二点。——原注

命令，但他担心在离职期间印第安人会遭到意想不到的迫害，于是便提出辞职，辞呈很快得到批准。使他深感安慰的是同一教派的教士弗朗西斯科·卡西利亚接替了他的职务。[①]

巴托洛梅神父于1547年第七次，也是最后一次返回西班牙，但这次他是作为被告，在司法人员的监视下回来的。这就是他14次远洋跋涉和49年来在西印度的荒郊漠野，于烈日炎炎之下奔走呼吁，冒着被加勒比人和征服者及委托监护主的袭击之险坚忍不拔、奋斗不息所得到的报酬！神父一生历经坎坷，不谋私利，一心为公，于今却遭此难，这大概就是那些品格高尚、无私无畏、建树颇多的著名人物的必然结果吧。哥伦布发现了新大陆；科尔特斯把墨西哥拱手献给了国王，然而在嫉贤妒能之辈的不断迫害下，二人均饮恨而死。皮萨罗在发现并征服秘鲁后悲惨弃世，其兄弟贡萨洛也在屈辱中亡故。不朽的塞万提斯殁于贫穷，死后仍遭攻击，不得安宁。比这些西班牙人更为可敬的伟大神父拉斯·卡萨斯在其耄耋之年竟也成了慈善事业的殉难者。（比他更健康的同龄人此时早已离开事业，安度晚年。）幸亏，上帝慈悲，赐予这位模范神父以莫大安慰：在令人筋疲力竭的长途跋涉中他仍安然无恙；在敌人的疯狂迫害下他仍巍然屹立；他战胜了那些誓死将其置于死地而后快的敌人；我们还将看到此后二十年间，在与敌人进行的政治和宗教大辩论中他如何大获全胜、沉浸在悠然喜悦之中安度晚年。

拉斯·卡萨斯回国后，在印度等地事务委员会出庭，严词驳斥

① 参见托克马达著《西印度的君主制》第二卷第一篇第十三章第三十六节。——原注

了加在他身上的不实之辞，后来又依法官之令，书面写下了他对西印度事务的看法，此文的标题是《为〈恰帕斯教区忏悔神父须知〉一书的观点辩护》。但是，不久委员会通知他文章写得不宜过长，于是，他只好中途辍笔，以《忏悔神父须知》为基础，重写另一篇稍短论文，标题为《三十条建议》。此文1552年在塞维利亚出版，出版时用了一个很长的标题：《此文为合法的三十条建议。它简明扼要地叙述教会和笃信基督的国王对所有异教徒所拥有的和可能拥有的权力。本文还着重叙述西班牙国王与王后对西印度所拥有的最高权力以及以何种方式拥有之。西班牙国王与王后应成为那一地区高于当地国王的君主。此文还叙述在西印度发生的重要事件。》。[①]

从这部体现拉斯·卡萨斯基本观点的三十条建议中可以看出作者认为亚历杭德罗六世的教皇圣谕是全面而及时的。他个人认为教皇并没授予西班牙国王与王后对新大陆的直接财产所有权，而仅仅授予他派遣传教士前往新大陆传播基督教的权力，但作为回报，他们可以享有那些从福音中得到教益的国家的最高主权。但是，这一主权也并非绝对，不是毫无限制的。例如，他们应该维持当地天然君主的生活，其个人财产应受到保护；不应派军队去征服当地居民等。从三十条中还可以看出拉斯·卡萨斯拥护教皇圣谕中所阐述的观点，即西班牙国王与王后有权及时取得那些皈依宗教，自愿服从其统治的省区的主权，但君主无权以武力对各省区进行讨伐，因为教皇没有授予这种权力。

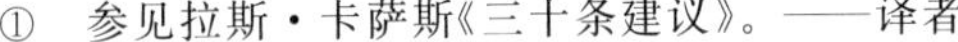

① 参见拉斯·卡萨斯《三十条建议》。——译者

有人认为拉斯·卡萨斯有教皇极权思想，时至今日，一些神学家、法学家、哲学家和出版界也多持这一观点，因为三十条建议中认为教皇对世俗事务有绝对权力；他有权控制国王和宫廷；有权决定王室继承人；有权管理基督教国家的一切事务。就是说，教皇就是这些国家的首脑、君主。教皇还有权命令某国君主派遣教士前往发现地区传播福音，为此，他给君主以上述的赏赐。最后，教皇有权禁止在已发现地区使用武力，有权决定是否派遣传教士和其他人员到该地区活动，在造福西印度各国和各省区百姓方面教皇均有至高无上的权力。虽然拉斯·卡萨斯的这一观点并不正确，在形式上也不符合基督精神。(因为基督从没授予任何神职人员，包括圣佩德罗[①]及其继承人以任何世俗权力，而是让世俗人员独立处理世俗事务。)但是，在当时情况下，从他的思想中找不到任何可责难的地方，从其著作和言行中也同样找不到任何瑕疵。公正地说，他的思想代表了大多数天主教徒的普遍意愿。因为那时还无人对教皇权力提出正确意见，罗马教廷尚有足够能力控制舆论，不许人们追根问底，它常把有利于自己政见的决定作为信仰文书强加于人。此外，应该看到拉斯·卡萨斯的困难处境。一方面，他必须捍卫他的学说，借以限制西班牙国王与王后的某些权力，如以武力征服美洲广大地区，对该地区拥有直接绝对的权力；另一方面，他又找不到可以不必强迫印第安人接受西班牙国王权威而又能按圣谕所示的在那里传播福音的途径。

印度等地事务委员会对拉斯·卡萨斯的辩护感到非常满意，

① 圣佩德罗是第一任罗马教皇。——译者

尽管如此，他仍有众多政敌企图整垮其思想体系。一个西班牙最有学识的人物终于站出来作为代表与他展开了论战，此人便是宫廷神父、国王传记的撰写人胡安·希内斯·塞普尔韦达。他认为西班牙国王与王后有充足的理由向印第安人开战，使他们屈服；有权用武力夺取他们的土地，最后向他们传播福音，宣传天主教义，为他们作洗礼；国王还有权强使他们遵守秩序和法律，防止他们逃跑或叛教。他以拉丁文撰写的《开战的原因》一书，表述了他的上述观点。

塞普尔韦达将此书抄录几份散发给萨拉曼卡大学和阿尔卡拉大学以及一些社会名流，后来又写信给佩德罗·塞拉诺，吹嘘自己的作品在西班牙、罗马和整个基督教世界备受赞扬。但是，印度等地事务委员会收到这一著作后却下令严禁刊印，塞普尔韦达只好写信给卡洛斯五世要求卡斯蒂利亚会议审查他的作品。1547年，国王批准了他的要求。此时，拉斯·卡萨斯曾到阿兰达-杜埃罗城，不想那时王宫已迁往他处。王室会议授权阿尔卡拉大学和萨拉曼卡大学审查塞普尔韦达作品。审查结果仍对他十分不利，他的这一著作仍不准印刷出版。[①] 事到如此，他只好求助于罗马。于是，他在此书末尾加上一篇辩护词寄往该城，标题改为《第二民主主义者》以区别他另一部以《民主主义者》为题的著作。《第二民主主义者》一书又名《论使用武力的合法性》。塞普尔韦达在罗马的朋友、罗塔城法官、后来的莱里达主教和塔拉戈纳的大主教安东尼奥·德阿古斯丁于1550年负责印刷了此书。卡洛斯五世获悉

① 参见拉斯·卡萨斯著《与塞普尔韦达的分歧》。——原注

此事后谕令严禁该书流入西班牙，已流入的即行查封。[①] 为此，作者又以西班牙文撰写了这一著作的摘要，费尽心机要使该书在国内传播。那些希望作者取得胜利的西班牙人对此摘要倍加赞扬，因为他们中有些人想心安理得地享有他们通过战争从印第安人手中掠到的财富；另一些人则希望他们的亲友不要放弃用这种方法积累起来的财产。

拉斯·卡萨斯神父明白，如不对塞普尔韦达的著作进行反击，就会对保卫印第安人的事业造成危害。于是，他又奋笔撰写新著，一方面对他进行批判；另一方面为自己观点辩护，新著基本观点与《恰帕斯教区忏悔神父须知》一书是一致的。

两部观点截然相反的著作在首都掀起轩然大波，成了王公大臣们的主要话题，一些人支持塞普尔韦达；另一些人赞成拉斯·卡萨斯。二人争论的焦点仍是基督教视为至关重要的道德问题，为此国王于1550年在巴利亚多利德召集主教、神学家和法学家会议，当着印度等地事务委员会成员的面就印第安人如经劝说仍不接受基督教，不服从西班牙国王领导是否可以对他们宣战，迫使他们屈服的问题展开大辩论。会议请塞普尔韦达发表意见，他发言后又请拉斯·卡萨斯发言。神父连续五次才读完他写的辩护词。国王委托其恩师多明戈·德索托神父将二人的观点写成简报，寄发王室会议有表决权的各位成员，请他们表态。不久，塞普尔韦达又撰文反驳拉斯·卡萨斯神父在辩护词中阐明的观点，这又迫使拉斯·卡萨斯神父写出《答辩书》一文，此文就有关问题进行分析

① 参见拉斯·卡萨斯著《与塞普尔韦达的分歧》。——原注

后，明确指出占领新大陆唯一可行的方法。书中说道："要想在安全可靠的情况下进入西印度各地传播福音，唯一的办法是只允许传教士进入，用我们的信仰培养印第安人良好习惯，友善地对待他们。如果发现某地区有可能受到威胁，则应在其周围地区修建城堡，在城堡内与印第安人交往，以扩大宗教影响，建立和平秩序，培养友好感情，树立良好榜样。这正是亚历杭德罗教皇圣谕的宗旨，也是保罗教皇的旨意，在此基础上基督徒才能履行陛下的命令，No quanto ad dominium rerum particularius[①]也不能把印第安人变成奴隶，没收他们的土地，只能按法律合理征收赋税，用以维持传播宗教、管理西印度、培养印第安人良好习惯等方面的经费。"[②]

通过长期激烈的辩论，印度等地事务委员会感到对巴托洛梅教士的责难是毫无根据的。例如，有人曾说神父认为卡斯蒂利亚国王与王后无权在新大陆各王国行使权力。实际上，正如他在会上为自己辩护时所说的，他认为西班牙国王与王后不应以武力征服新大陆各王国，对印第安人也不应采取仇视态度。教皇的圣谕也只要求在该地区和平输入基督教，在印第安人自愿接受基督教后，西班牙国王与王后才有权在那里广施恩德，自然而然地树立自己的权威。

拉斯·卡萨斯的观点彻底驱散了印度等地事务委员会部分成

① 拉丁文，意为"不能用非常手段得到权力"。——译者

② 参见多明戈·德索托著《恰帕斯主教驳斥塞普尔韦达博士的辩护词的摘要，该辩护词曾在1550年陛下主持召开的巴利亚多利德会议上宣读。》此书载于巴托洛梅·德拉斯·卡萨斯论文集。美洲图书馆藏书，墨西哥文化与经济基金会出版社1965年版第一册p.284—288。——原注

员对这位可敬主教所抱有的成见。委员会还主动为主教观点提供论据并向他请教如何正确解决那些原来的奴隶问题，即在奴隶制取消之前，已处于奴隶地位的印第安人。（这些人当然不包括加勒比人或服从于加勒比人的部族成员。但早晚，对这两种人也要给予自由。）拉斯·卡萨斯为此写下了《关于解放印第安奴隶的问题》一书。此书1552年在塞维利亚出版。作者声明他是受印度等地事务委员会之命撰写此书的。笔者已将此书载入拉斯·卡萨斯选集。

至此，虽然在各种会议上对印第安人的问题已趋圆满解决，但拉斯·卡萨斯仍不顾其76岁高龄密切关注印第安人的命运，他像一个精力充沛的中年人，信心十足，满怀激情地投入编纂史书的工作，他要给世人留下他生活的那个时代所发生的一切大事，并在将来可能出现的辩论中起到有利于印第安人的作用。由于他的奔走，卡洛斯五世终于颁布法令，废除奴隶制；缩小委托监护制的范围；限制委托监护主的权利；减轻印第安人的负担；扩大他们的权力；保护他们免受压迫。（法令后来如能实施定会使印第安人处境发生令人注目的变化。）拉斯·卡萨斯终于取得胜利，他热烈拥护国王法令。假如后来能出现某位斗士继承拉斯·卡萨斯的事业的话，印第安人与西班牙人在法律面前基本平等的愿望就会成为现实。正是为了实现这个愿望，拉斯·卡萨斯撰写了如下著作：

1.《塞普尔韦达博士反对印第安人著作摘要》，全书94页，未曾出版，手稿藏于巴利亚多利德市圣格雷戈里奥学院图书馆。赫尔·贡萨雷斯·达维拉则认为费利佩二世1598年将此书藏于恰帕斯教堂剧院的埃斯科里亚尔图书馆。

2.《恰帕斯教区主教对达连教区主教及塞普尔韦达博士的辩论》，此书共12章，184页，作者在书中泾渭分明地叙述了自1517年到1550年间与达连教区主教和塞普尔韦达所进行的两次大辩论，叙述了他们之间对印第安人问题的根本分歧。

3.《论基督教徒应拯救印第安人以及如何拯救的问题》，此书篇幅浩繁，手稿现藏于墨西哥城多明我会神父修道院图书馆。

4.《西印度通史，一部赞美美洲的天文、气象、气候和地理、地质、地貌及其自然风貌；赞美西印度政治特点和各国及各部族风土民俗的历史》，全书共3卷，830页。尼古拉斯·德安东尼奥在论其同乡拉斯·卡萨斯的文章中说这部著作被列入比利亚温布罗萨公爵和卡斯蒂利亚会议主席佩德罗·德奥斯曼编纂的《论文集》中。埃雷拉从此书受益匪浅，尤其是开头两章。

5.《关于印第安人现状的一封信》，收信人是当时驻伦敦使节巴托洛梅·卡兰萨·德米兰达。笔者据法兰西皇家图书馆10,53号手抄本将此书出版。此抄本抄于十七世纪末，西班牙文，为一人手抄，字迹清晰娟秀狭长，所用的纸为西班牙制造，以西班牙羊皮纸装订。全书134页。该抄本包括两部分，第一部分96页，下面将详谈；第二部分才是那封信，写于1555年，从第98页开始。如上所述，全书为一人手抄。

已成为那不勒斯、西西里和塞尔德尼亚国王的费利佩二世，于1554年6月12日前往英国与该国女王结为伉俪。出发前，他令几位知名神学家陪同，其中之一便是卡兰萨·德米兰达，他当时是国王的忏悔神父，后来成为托莱多的大主教。这位学识渊博的神父对拉斯·卡萨斯深表友好和信任，是他在征服者、委托监护主及其支持者通过塞普尔韦达掀起的反拉斯·卡萨斯的风暴以后，批准了《忏悔神父须知》一书的出版。卡兰萨对费利佩影响极大，虽然当时西班牙由阿斯图里亚斯公主胡安娜摄政，拉斯·卡萨斯一直惦记着卡洛斯五世和其兄费利佩亲王[①]交给他的使命。正因如此，他于 1555 年给卡兰萨神父写了上述那封信。信中叙述了印第安人的现状，并强调履行亲王旨意，保护印第安人免遭压迫的重要性。当时正值有人企图把委托监护制变为永久性制度努力争取在布鲁塞尔和伦敦为此做出最后决定之时，巴托洛梅神父在国王不在国内的情况下，努力阻止了这一决定的实现。

拉斯·卡萨斯在巴利亚多利德期间，无时不在为保卫印第安人的事业奋斗。1562 年当王室迁回马德里时，他不顾年迈之躯、毅然放弃在巴利亚多利德舒适的居住地也随同迁往马德里，以便更有效地为保护印第安人战斗，他早就把自己当成美洲土著居民的保护者和代理人了。毫无疑问他的每一次努力都对无理遭到迫害的印第安人带来好处。历史证明，如果仇视消失，印第安人的状况就会有所改善。令人费解的是王公大臣和国务委员对神父如此大公无私的优良品质竟丝毫无动于衷，尽管八十高龄的拉斯·卡萨斯神父仍坚持为人类做出贡献。此时他还为保护秘鲁的印第安人撰写文章，这就是笔者上述的从法兰西皇家图书馆里找到的手抄本中抄录的第一部分，它占全书前 96 页。在第 23 页中，作者说此文写于马德里，在第 35 页中说此文写于 1564 年。布卢瓦的主教格雷戈里厄就曾读过这一抄本。他曾在法兰西学院宣读的《拉

① 原文如此，似为“其子费利佩亲王”。——译者

斯·卡萨斯辩护词》一文中作过介绍，但他认为说该文为拉斯·卡萨斯所著还仅是一种推测，但笔者将此文作为作者一部重要历史著述列入拉斯·卡萨斯的选集。经过仔细考证，笔者坚信此文出自拉斯·卡萨斯之手，因为书中思想见解都与他的其它作品别无二致。文章的布局、分段风格以及行文中常夹有拉丁文引语等特点都与拉斯·卡萨斯的文风一致。因此笔者原封不动地将其列入选集。

此文题为《国王和秘鲁征服者的权力和义务》，书中假设一个心有疑虑、不明事理的人向作者发问，由作者作答，答语都以《忏悔神父须知》一书和作者在其它著作中已阐明的原则为基础。这部著作可以认为是这位伟大神父的临终遗言。是他为改善被剥夺财产和自由的、不幸的印第安人的处境的最后呐喊。

拉斯·卡萨斯终于走到漫长而光辉的人生旅途的终点。1566年在马德里因病逝世，终年92岁。自1500年把哥伦布给他的印第安奴隶交给西班牙国王时起，70年来他孜孜不倦忘我工作，取得了辉煌成绩。这期间他14次远航于新、旧大陆之间，踏遍西印度每个角落；在西班牙劳苦奔波；在新大陆不知疲倦地传播福音，平息骚乱；他撰写了诸多著作；多次遭到当权者的迫害又多次从危难中逃脱出来；他还曾义正词严地驳斥了对他的各种诬蔑和控告。不可否认，拉斯·卡萨斯有着纯洁的心灵、高尚的品质、坚强的性格，他漫长的一生承受了各种考验。上帝慷慨地赋予他这些优秀品质和无与伦比的力量。

不少有识之士对拉斯·卡萨斯都有过褒扬之词。安东尼奥·埃雷拉虽并不总是完全赞同拉斯·卡萨斯的观点，但在其《西印度通史》中却多次对他表示钦佩。在叙述古巴总督迭戈·贝拉斯克斯出于对拉斯·卡萨斯的敬重,于1512年下令解放部分印第安奴隶之后,这位历史学家写道:"当地居民总是对他表现出深切的敬仰。"[①]在另一章中,当叙述巴托洛梅教士于1513年在古巴卡马圭省的活动时写道,印第安人"看到他独自一人毫不畏惧地在各地奔波,都对他钦佩不已,从此以后,他在当地人心目中享有比其他西班牙人更大的权威。"[②]

在唐恩利格酋长与西班牙人和解、表示服从西班牙人后,拉斯·卡萨斯访问了他,为此遭到圣多明各皇家检审庭法官的谴责。埃雷拉在谈到此事时写道:"巴托洛梅教士对教义理解精深,又有实际经验,因此轻而易举地击退了敌人的进攻。"[③]1534年尼加拉瓜发生骚乱,罗德里格·德孔特雷拉斯总督控告拉斯·卡萨斯神父唆使印第安人造反,埃雷拉为此对神父进行辩护,他说拉斯·卡萨斯当时全力以赴把精力集中在如何教育士兵正确对待印第安人,以拯救其灵魂,无暇他顾。[④] 在埃雷拉开列的助其写成《西印度通史》诸多参考书作者名单中就有"拉斯·卡萨斯:多明我会教士,恰巴斯教区主教。"[⑤]另外,在谈到由于门多萨和巴托洛梅教士的通力合作,使危地马拉的工作开展得十分顺利后,埃雷拉又写道:"巴托洛梅·德拉斯·卡萨斯在恰帕斯和危地马拉的工作卓有

① 参见埃雷拉著《西印度通史》第一卷第一篇第九章第九节。——原注
② 见上书第一卷第一篇第九章第十五节。——原注
③ 引自上书第五卷第一篇第五章第五节。——原注
④ 见上书第六卷第一篇第一章第八节。——原注
⑤ 引自上书第六卷第一篇第三章第十九节。——原注

成效。”接着这位历史学家又说，当唐佩德罗·德阿尔瓦拉多要派军队前往危地马拉时，可敬的神父对此深表忧虑。[①] 谈到胡安·德克里哈尔巴进行一次有争议的行动时，埃雷拉引证了拉斯·卡萨斯的观点，因为“巴托洛梅硕士是值得信任的，他了解的情况是确切无误的”。[②] 埃雷拉也仔细阅读了由贡萨洛·费尔南德斯·德奥万多和弗朗西斯科·罗佩斯·德戈马拉撰写的有关西印度的史书，这些书都对拉斯·卡萨斯进行了有伤其荣誉的攻击。作为征服者，奥万多和戈马拉当然希望人们阅读自己的著作，但埃雷拉读后说他们缺乏确凿事实，认为恰帕斯教区主教对此提出抗议是有道理的。[③]

尼古拉斯·安东尼奥在其编纂的《新西班牙作者丛书》中叙述了拉斯·卡萨斯在马德里逝世时的情况，最后写道，在拉斯·卡萨斯辞去卡帕斯教区神父职务之后，因其优秀品质和高尚行为，使他在西班牙首都仍享有崇高声望。[④]

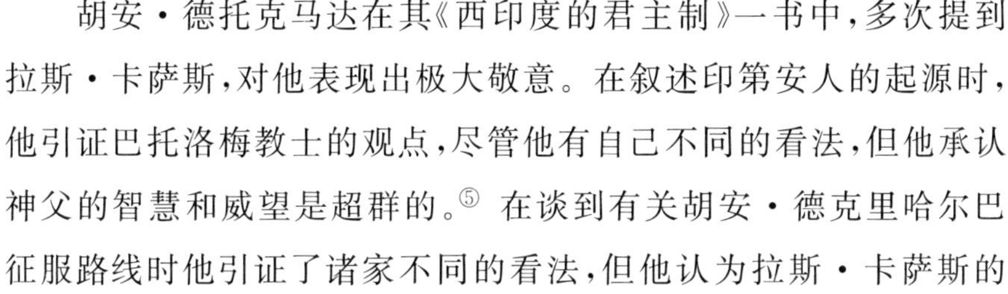

胡安·德托克马达在其《西印度的君主制》一书中，多次提到拉斯·卡萨斯，对他表现出极大敬意。在叙述印第安人的起源时，他引证巴托洛梅教士的观点，尽管他有自己不同的看法，但他承认神父的智慧和威望是超群的。[⑤] 在谈到有关胡安·德克里哈尔巴征服路线时他引证了诸家不同的看法，但他认为拉斯·卡萨斯的

① 引自埃雷拉著《西印度通史》第六卷第一篇第七章第六节。——原注

② 引自上书第二卷第一篇第三章第一节。——原注

③ 参见上书第三卷第一篇第二章第六节。——原注

④ 参见尼古拉斯·安东尼奥编《新西班牙作者丛书》第一卷。——原注

⑤ 参见托克马达著《西印度的君主制》第一卷第一篇第一章第九节。——原注

看法是最正确的,因为“他毫无偏见,从不信口开河”。[①] 在谈到由于特斯特拉神父及其同伴的努力,终使印第安人同意谈判并自愿臣服于西班牙国王时,托克马达写道:“印第安人的保护者,善良的恰帕斯主教携带印第安人臣服国王的证书与特斯特拉一起返回西班牙。”在谈到美洲各教区情况时,托克马达说:“恰帕斯教区第一任主教是多明我会教士巴托洛梅·德拉斯·卡萨斯神父。西印度所有王国和省区的印第安人无不被其劳苦奔波、为保护自己在天主教国王面前慷慨陈词的事迹感激不尽。”[②]

另外,在列举前往西印度传播福音的各位多明我会传教士的事迹时,托克马达写道:“他们忠实地、像圣徒一样为改变印第安人的信仰辛勤工作,所以我们应该永远怀念他们。在所有这些传教士中,最为突出的是恰帕斯教区主教唐巴托洛梅·德拉斯·卡萨斯。早在他成为多明我会教士之前,作为圣多明各岛的普通教士,他就以上帝的名义在天主教国王与王后面前、逝世前夕又在国王的长孙卡洛斯面前慷慨激昂地陈述西印度的土著居民所遭到的巨大不幸。他在危地马拉加入多明我会以后,更加勤奋工作,为实现自己的理想顽强奋斗。在接受恰帕斯主教职务不久,他又辞职回国,在西班牙,忍受着工作的辛劳、生活的贫穷和种种矛盾给他带来的折磨,继续为改善印第安人的命运奋斗了22年。在西印度各省区,尤其在新西班牙,多明我会教士和我们方济各会教士经常向他诉说皈依天主教的印第安人仍遭受凌辱和灾难。由于拉斯·卡

① 引自托克马达著《西印度的君主制》第一卷第一篇第四章第四节。——原注

② 引自上书第三卷第一篇第十九章第三十二节。——原注

萨斯的劝导,使很多人同意在西印度采取行动,解放印第安奴隶,并使他们永远摆脱被奴役的地位。为让西班牙人明白如何执行解放奴隶,善待印第安人的措施、使国王了解如何保护印第安人,拉斯·卡萨斯用拉丁文和西班牙文撰写了一系列专题论文,作为一个博学多才、文笔动人的作者,其所撰写的著作论据确凿、充满教理和人权观念,因此深受读者的欢迎。拉斯·卡萨斯神父为上帝荣誉和受苦百姓的利益,不怕孤立,努力奋斗取得了光辉成就。我坚信,他一定能以其热情的工作而荣获桂冠,在天堂享有崇高声望。神父因经常慷慨陈辞,仗义执言而树敌颇多,但以我们的信仰而论,真理确实握在神父手中。"①

此段文字对拉斯·卡萨斯作了高度评价。应当指出的是,它出自一个研究了当时所有有关神父的原始资料、持论公允的历史学家之手,他既没对神父的品质过分渲染,也没对其功绩赞不绝口。

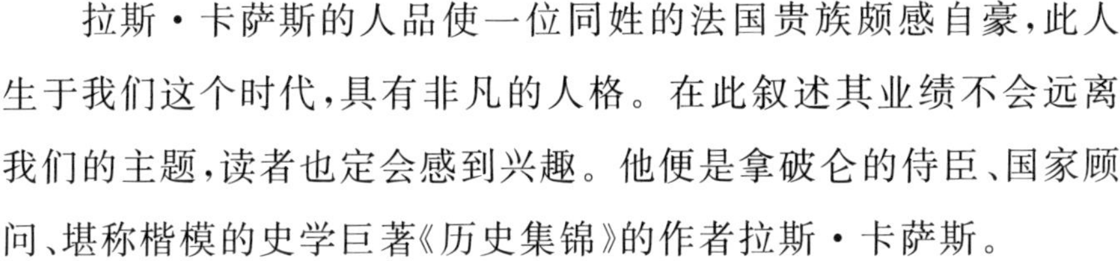

拉斯·卡萨斯的人品使一位同姓的法国贵族颇感自豪,此人生于我们这个时代,具有非凡的人格。在此叙述其业绩不会远离我们的主题,读者也定会感到兴趣。他便是拿破仑的侍臣、国家顾问、堪称楷模的史学巨著《历史集锦》的作者拉斯·卡萨斯。

拉斯·卡萨斯伯爵身居要位,勤奋供职,但他的忠诚、干练、待人亲切等优良品质,因随同拿破仑一起放逐圣赫勒拿岛而被人们遗忘。一年多来,拉斯·卡萨斯公爵以其坚韧不拔的毅力与拿破

① 引自托克马达著《西印度的君主制》,尼古拉斯·罗德里格斯印刷所,马德里1723年版,第二卷 p. 42。——原注

仑一起在该岛忍受了种种欺凌与虐待。他的存在对拿破仑说来真是至关重要的，他不停地写作，勇敢地将圣赫勒拿岛出现的敌视行为书写成文寄往英国大陆，于是遭到该国政府的特别监视和直接迫害。不久，当局终于找到借口将其秘密驱逐出尤伍德。[①] 当时各大报刊对这种敌视行为和无止境的迫害纷纷发表文章表示谴责。拉斯·卡萨斯在圣赫勒拿岛被秘密关押了五六个星期，随后被放逐到 500 里格以外的好望角。在那里又被关押了近 8 个星期，这一行动严重违反了神圣大英帝国的法律。随后人们又把生病的公爵扔在一只只有 200 吨级、12 名船员的小船上，在海上漂流了 100 天。回到詹姆斯敦[②]后，一个低级英国警官夺去他随身携带的所有证件和书信，像对待罪犯一样把这个半死的公爵解往低地国家，从那里又渡过莱茵河到达法兰克福。10 个多月的监禁，100 天的长途航行，使拉斯·卡萨斯体力消耗殆尽，精神颓唐，濒于气绝。但是，不久他又在新的环境下重新振作起来，积蓄力量为给其心目中的英雄拿破仑以安慰，减轻其痛苦而努力。他给拿破仑在各地被押的亲属写信，组织他们起来帮助在英国被囚禁的拿破仑。亲属们在英国法律允许的范围内，通过正当途径与拿破仑开始公开通信，还为他筹备了一笔可观的年金、寄去各种精选的必需品。书籍、官方报刊和小册子等经英方审查后也能送到他的手中。亲属们向他倾诉家人的近况以及他们对他的怀念。最后，连拿破仑年轻时的一张照片也寄给了他本人。

---

① 圣赫勒拿的总督司凯通中校的驻地叫尤伍德。——译者

② 圣赫勒拿的首府。——译者

拉斯·卡萨斯公爵对此仍不满足，经过深思熟虑，以不可扼制的热情直接给各国首脑写信，小心避开政治问题，要求他们人道地对待拿破仑的利益和声誉。

这位拉斯·卡萨斯公爵与我们正在叙述其生平的拉斯·卡萨斯神父有着相同的个性。他竟敢冒险提出为保卫拿破仑的神圣事业面见各国当权者并与之辩论，为了真理，他在所不惜。当那位被监禁在圣赫勒拿岛上的英雄生命垂危之际，拉斯·卡萨斯公爵仍在为他奔走呼吁，苦口婆心地对各类人士进行说服工作。可见当年，公爵坚定顽强的立场使当权者不得不把他从好望角遣回欧洲大陆，这是完全可以理解的。我们对拉斯·卡萨斯公爵的回忆，可能有用词不当之处，但出发点是好的，是和拉斯·卡萨斯神父生平这一主题密切相关的。

现在我们言归正传。

几个世纪过去了，但仍有人对才智、品德超群的人士仇视和忌妒。因此，拉斯·卡萨斯遭到敌人的攻击是不足为怪的。有些作者由于偏见对他进行攻击；另一些人则由于浅薄、不学无术，不深入研究而人云亦云地对他进行诬蔑。他们集中四大罪状对神父进行攻击。现在，当狂热的胡言乱语让位于冷静的分析——这种分析随时可以进行，而不必再冒风险——之时，很容易就可驳倒栽在他身上的不实之词。

加在神父身上的第一大罪状是他的史书甚为夸张，不足为信。实际上，如果不是大批西班牙人着意支持新大陆征服者的野蛮行为的话就不会有人在这方面对拉斯·卡萨斯说三道四了，因为，这些人如果承认神父所叙之事确实存在，他们的论点便不攻自破，于是他们只有一条出路，就是诬蔑拉斯·卡萨斯是骗子。但是，印度等地事务委员会的档案中存有大量案件记录，记载着征服者的罪行以及法官和新大陆的移民对印第安人所干下的残忍勾当。这些记录都确切无误地证明巴托洛梅教士所叙之事千真万确。正因如此，阅读了这些记录的安东尼奥·埃雷拉站出来庄严宣布：拉斯·卡萨斯是完全可信的，因为他十分严肃地道出了事实真相。胡安·德托克马达在阅读了大量真实资料之后也证明拉斯·卡萨斯所叙之事确实存在。

1556 年 7 月拉斯·卡萨斯在致巴托洛梅·卡兰萨的信中写道："由于分配制的实施，使那里人口大量死亡，方圆 3000 里格的广袤大地变得荒无一人，这和阁下信中所说的'死人极多'是一致的。确实，没有任何理由对我的话大惊小怪，表示怀疑。因为，圣灵通过阿瓦库克[①]早就说过：'Opus factum est in diebus noctris auod nemo credet cum narrabitur.'[②]我认为，这恰恰写出了人类的丑恶，在很大程度上也明显表现于分配制所产生的各种罪恶。更糟糕的是本人在向国王、亲王和王室会议成员陈述了不法之徒 40 多年来所犯的灭绝生灵的暴行之后，至今仍无人认真查访，反而有人故意制造混乱，与我作对，给我制造各种困难。但是，神父明察，西印度各王国和省区的原来众多百姓，现在仍在流血丧命，灭绝人类的刽子手仍在那里肆无忌惮地活动，致使那里大片土地荒芜。王室档案馆存有大量宗卷、报告、陈情书和其它文件，证

① 犹太预言家。——译者

② 拉丁文，意为"无人相信目前所发生的事情。"——译者

实他们确实在那里进行过大屠杀，也证实原来人口众多的、比西班牙还大的西班牙岛、古巴岛和牙买加岛至今连一个孩子也看不见了。西印度群岛的土地比从此处到波斯还要辽阔，大陆则是此处到波斯的二倍，至今所有那里的土地均遭与上述三岛相同的命运，良田被破坏，城镇被夷平、居民被劫掠。人民惨遭分配制的迫害苦不堪言，而这一恶行正在蔓延到其它地方，如不采取措施，仍拒绝接受本人观点，倒行逆施，那些地方也将渺无人迹，成为不毛之地。”①

加在神父身上的第二大罪状是在他为印第安人的利益奔走时，行动有失谨慎。这一指责是由布尔戈斯的神父首先提出来的。1516年被派往美洲进行领导的哲罗姆会教士也持相同看法。就连埃雷拉在谈及西班牙传教士的活动时对他们的这一观点也表赞同，但这并不意味着这位历史学家认为拉斯·卡萨斯就是一个不谨慎的人，而是说他过于激愤，实现自己愿望的心情过于迫切，埃雷拉是从这个角度说拉斯·卡萨斯有失谨慎的。无论如何，我们不能因此便说拉斯·卡萨斯是个毫无理智的狂人，因为，他如果为了谨慎而保持沉默，其保卫印第安人的事业将付诸东流。所以，他真诚的愿望以及他对真理的追求使他不能保持缄默，他无法面对人们把印第安人变成奴隶，受到监护主的残酷压迫而无动于衷。拉斯·卡萨斯神父认为对管理西印度的教士之软弱行为提出异议是他的义务，因为这些教士漠视西班牙的各项法令，任凭西印度法

① 参见载于《短评、信札和呈请书》一书中《致巴托洛梅·卡兰萨》一文。J.佩雷斯·德图拉德编纂，《马德里作者图书馆丛书》1958年版，第五卷 p.432—433。——原注

官和行政人员把印第安人变成奴隶，这些人给欧洲其他殖民者开了恶劣的先例。我们可以说，拉斯·卡萨斯的欠妥行为是一种形势的需要，是出于向宫廷中有影响人士作斗争的需要。一个真正的人是不会将这一行为说成是有失谨慎的。如果某些德高望重之士也持相似看法，那定是他被个人私利所迷惑，不能以现实的眼光分析问题的缘故。

加在神父身上的第三条罪状是他的行为前后矛盾，因为他在谴责奴役印第安人的同时却又同意奴役非洲黑人，好像基督教哲学在人类自由问题上有两个标准似的。但是，原布鲁瓦教区神父M. 格雷戈里奥、科尔多瓦大教堂主持格雷戈里奥·富内斯博士和墨西哥受俸神父唐塞尔万多·米耶尔博士三人的护教论文以及笔者为三篇论文所写的后记中都对这一诬蔑进行了反驳。四篇论文加上笔者现在所写的《巴托洛梅教士生平》都强有力地捍卫了这位印第安人的伟大保护者，严厉驳斥了对其道德、品质、性格等方面的攻击。

加在神父身上的最后一条罪状是他有个人野心。只有奸诈狡猾、谎话连篇的作者才敢诬蔑这位印第安人可敬的朋友有统治西印度上千里格土地的企图。为正视听，我向读者推荐巴托洛梅教士对在库玛纳省区和圣玛尔塔沿海地带殖民时所制订的计划和笔者为此所写的后记。此后记全文转抄了埃雷拉著述中有关段落，从中可以发现拉斯·卡萨斯从无占有西印度一寸土地的野心，因为他早就说过君主无权赐予任何臣民以特权，即使该臣民功劳再大，也不能享有特权。

在巴托洛梅教士可敬的一生中，找不到任何可以指责的缺点。

相反,他的任何活动都是无可非议的。他道德高尚、大公无私。他勇敢地保护了印第安人,世界各国人民都应像印第安人一样向他深表感激。他作为一名像卡洛斯五世这样专制的君主的臣民仍有足够勇气撰写、出版有关限制王权的著作,是难能可贵的。他以确凿的论据提出,只有在人民同意的前提下,国王才有权建立自己的统治;他还勇敢地提出,国王不是美洲土地、城市和居民的天然君主,根据正义永恒的原则,只有当地头人和首领才是那里人民的天然主人。但国王有权以非暴力的形式管理那里土地免遭外来敌人的侵略,只是他无权强占城市、抢劫居民财产,当地居民如不同意,他也无权向他们征税。我们可以公开地说,在卡洛斯五世和费利佩二世统治欧洲期间,哪怕仅听一听这一真理的声音,也需具备足够的勇气。

图书在版编目(CIP)数据

西印度毁灭述略/(西)巴托洛梅·德拉斯·卡萨斯著;孙家堃译.—北京:商务印书馆,2017
(汉译世界学术名著丛书:120年纪念版:珍藏本)
ISBN 978-7-100-14306-6

Ⅰ.①西… Ⅱ.①巴… ②孙… Ⅲ.①美洲—中世纪史 Ⅳ.①K703

中国版本图书馆CIP数据核字(2017)第139442号

汉译世界学术名著丛书
(120年纪念版·珍藏本)
西印度毁灭述略
〔西〕巴托洛梅·德拉斯·卡萨斯 著
孙家堃 译

商务印书馆出版
(北京王府井大街36号 邮政编码100710)
商务印书馆发行
北京中科印刷有限公司印刷
ISBN 978-7-100-14306-6

2017年12月第1版 开本710×1000 1/16
2017年12月北京第1次印刷 印张11
定价:80.00元